periplaneta

JESKO HABERT: „Märchen aus einer grausamen Welt –
Fein gereimte Ungereimtheiten“
2. Auflage, Januar 2021, Periplaneta Berlin, Edition MundWerk

Inh. Marion Alexa Müller, Bornholmer Str. 81a, 10439 Berlin
www.periplaneta.com - impressum@periplaneta.eu

Lektorat: Vanessa Franke, Marion A. Müller
Cover & Ornamente: Jesko Habert;
Cover-Illustration Nachtfalter: Sabine Kirchner (www.studiokirchner-design.de)
Illustrationen Krähe, Ratte: Public Domain / CC0
Illustration Spinne: Marion A. Müller
Satz & Layout: Thomas Manegold

Gedruckt und gebunden in Deutschland
Gedruckt auf FSC- und PEFC-zertifiziertem Werkdruckpapier

print ISBN: 978-3-95996-083-0
epub ISBN: 978-3-95996-084-7

JESKO HABERT

MÄRCHEN AUS EINER GRAUSAMEN WELT

- Fein gereimte Ungereimtheiten -

periplaneta

Den Stadtvögeln und Fremdgängern, den Freunden von der Saale
Der Frankfurter Diaspora und Homies der Zentrale
Den Weddingern, den Kreuzbergern, Enkeln und den Ahnen
Den Lektoren und Mitgliedern von dem Verlag der Schaben
Den Erstlesern und Kritikgebern, Musen und Propheten
Den Slamily-Nachtfaltern und besonders Kiezpoeten
Der selbstgewählten Einsamkeit von schreibfreudigen Nächten
Der Gutmenschen-Familie aus Schwalbe und den Spechten:
Danke für die Märchen

JH

Lyrik der verpassten Revolution

Hier | Auf des Dichters lot-weißen Seiten | Zwischen rot-heißen Zeichen | Über tot-weiche Leichen | Jener schrotreichen Zeiten | Hier | In der Tatenlosig- | Meiner Ratlosigkeit | Aus dem Märchenfarbenkäfig einer Zartrosigkeit | Hier | Aus der Zeit unsrer Väter | Leid ohne Täter | Nur als Mitwisser geboren, doch bereite Verräter | Schwebt der Geist der Repression | Und verheißt die Rebellion | Spricht aus längst verpassten Chancen so, als reiche sie uns schon | Während draußen noch die Salven seiner Revolte erschallen | Schreib ich seinen Abgesang schon für den Fall, sollte er fallen | Gewehrläufe aus Tinte zeichnen nach, was schon gesehen | Ohne Sätze kein Geschehen | Und ich schätze das Vergehen | Ich bin nur ein Schläfer, und ich warte auf die Nacht | In welcher uns're Welt in einer Feuersbrunst erwacht | Es ist die schönste aller Erden, die wir erben, wenn sie fällt | Schreiben Revolutionslyrik einer grauenhaften Welt

Die Chroniken von Lyrien

Von Daktylus bis Alexandriner
hat man den Ort gekannt
Wenn ich durch's Land zog,
trug ich ein Wort-Gewand
Elfchen flogen um mich rum
und riefen Kalauer und Zoten
In meinem Kopf entstanden Zeilen,
an den Füßen trug ich Noten.
Und weil ich ohne sie nicht alles, was ich wollt
Auch wirklich horten kann, sorgte ich dafür,
dass ich nun Satzkästen mein Eigen nenn
In die ich jeden frühen Morgen meine Zeichen setz
Da es am Anfang stand: Das Wort ist mein Gesetz
Darum les und leb ich täglich in der Heiligen
Schrift, da man dem Dichter halt Respekt zollt
Ich lebte Schritt für Schrift, bloß mitnichten in Rente
Arbeitete in dem Kunst-Stoff-Werk für Dichtelemente
Nicht alles schien perfekt,
doch uns'rem Volk das Glück hold
Schweigen war Reden. Silben waren Gold

Der Welt der Künste bekannt
Hier leben Kyrien
Metaphernreich, dieses Land:
Es lebe Lyrien!

Alles fing an
  mit dreizehn Spreng-Sätzen der Anagramm-Legion
Anstatt *lyrisches Subjekt* nun *Lyrik-Jet-Beschuss*
Vom Schüttelreim geschüttelt war die ganze Nation
Viele Regionen mussten fliehen im Jambus
Kurz darauf hob sich das Metrik-Diktat an die Macht
Limericks slammten sich durch unsere Wälder
Lautgedichte lärmten linguistisch, Tag und auch Nacht
Episches Drama prägte Rap-Battlefelder
Immer wieder spielten die Liga-Sieger
  Lieder über ihre Krieger
Gibt statt Rechtsprechung eine willkürliche Punchline
Das Militär bekam die Rohstoffe für tausend Papierflieger
Unsereins höchstens Notizzettel zur Lunchtime

Man sah uns zu,
  die Welt der Künste weigerte sich, was zu tun
Leistete Meineid zu uns'rer Schein-Freiheit
Denn schließlich garantierte man nun geistiges Eigentum
Und Copyright-Fight light – für jede Reimeinheit

Der Welt der Künste bekannt
Hier lebten Kyrien
Metaphernreich war dies Land:
Es lebte Lyrien!

Die Welt der Künste hatte dazu nichts zu sagen,
  denn die Worte fehlten ihnen
Doch unser Wort gefiel wohl ihnen, also überfiel'n sie uns
Jetzt lief ein anderer Film hier in der Welt der Kunst
Und aus der göttlichen Komödie der Diplomatie

Wurde ein dantisches Inferno, so wie nie
Schauspieler an der Spitze schrieben Fremden-Elegien
Und sämtliche Medien tanzten nach ihrer Pfeife
Andre Saiten wurden aufgelegt, alles war aufgeregt
Denn plötzlich hingen Satzzeichen über der Stadt,
  als das Diktat mit dem Kreuzreim bestropht wurde
Doch die Sieges-Oden, die aus Krieges-Hymnen münden
Konnten nicht von Frieden künden
Denn ein Wort bildet mehr als tausende Sagen
Und ein Wort bildet mehr, als Tausende sagen:

„Souverän."

Überragend wird euch das erschlagen
Hinter harter Schreibmaschinerie
  vollführen Haikus Harakiri
Durch automatisches Schreiben
  Seitenweise. Zeilenweit:
Vernichtete Kolumnen, die einst den Palast verziert'
Dicht an Dichter
  Autor-Bomben auf dem Markt platziert
  Anapest im Volk
Chaos
Kein Reimschema
Versteht ihr nicht?
Bloß weil jetzt alles Dada ist,
  woll'n wir nicht das Diktat zurück
Seht ihr nicht ein:
  Wir sehnen uns doch nur nach dem Umarmtsein
Aufs Neue. Von einem umarmenden Reim

YOLO

Deine Zahnbürste steht noch im Badezimmer
Der Kaffee ist noch warm, so wie immer
Doch die Tasche ist gepackt
Verlass die Stadt
Es ist kalt draußen, hol dir noch schnell
den Fünf-Euro-achtzig-Synthetik-Pulli von KiK
Ich packe meinen Koffer, nehme mit:
- Den Geruch von frischem Brot
- Ein bisschen Nachdenklichkeit
- Das Gefühl der Farbe Rot
- Und die innere Schönheit
- Etwas Solidari-
- Viel Naivität
Und nichts von all den Sachen,
die mir meist mein Vater rät
„Räum dein Zimmer auf, bevor du gehst“,
hat meine Ma stets gesagt
„Falls du nicht wiederkehrst.
Wie sieht das denn sonst aus?
Irgendwann kommst du nach Haus und dann ist Chaos.
Das will doch keiner!“
Deshalb räum ich den Mist weg, den ich hier gelassen hab
War nötig. Ist jetzt alles unter'm Bett
Falls wer wiederkommt
Ich werd's nicht sein

Hab so viele Zahnbürsten in meinem Leben
  irgendwo vergessen
Zahnbürsten sind wie: der Glaube an die gute Welt
Verloren in Hotels und bei Affären,
  die du nicht mehr magst
Sagst: „Ist nicht so schlimm,
  wenn du den Neueinkauf vertagst.
  Ein paar Tage geht ja auch ohne."
Und plötzlich brauchst du schon wieder eine Krone.
  Oder eine Drohne*
Rauben uns den Sinn,
  wenn wir uns Gründe zusammenklauben
Und uns einreden, dass wir schon wieder kommen
Irgendwann
Mit Zahnbürste und gutem Glauben. Doch:

Du gehst nur einmal fort
YOLO:
You Only Leave Once
Vergesse dich, entfessel mich
Bin *Djesko unchained*
Doch das Geh'n ist stumm
Und eben drum
Lass ich's leise hinter mir
und kehr nie wieder zurück

Zehnmal am Tag gelogen
Neunmal, wenn jemand fragt,
  ob wir noch Kleingeld haben
Einmal, wenn man uns fragt, wie es uns geht

* Also: Kronen im Fall von Zahnbürsten; Drohnen im Fall vom guten Glauben

Suchen ein Leben lang
  nach jemandem, der uns wirklich versteht
Stell die Zahnbürste zurück, pack keinen Kompass ein
Statt dem Pass höchstens ein Bild mit deinem Konterfei
Sind ja ohnehin überall Kameras
  mit Gesichtserkennung und Profiling
Facebook real life

Und ja, es ist so wohlig warm und altbekannt
Doch hast dich bald verrannt und halt erkannt
Dass die Routine dich umbringt. Du zauderst
Ob dich dieser Schritt hinaus wirklich verzaubert
Doch hadre nicht. Warte nicht
Wo man dich nicht kennt, bist du frei
Nur wenn du dich auch ab und zu verbrennst,
  wirst du high
Lässt die Stadt zurück,
  die Liebe und die Bürste für die Zähne
Eine Träne in den Augen, ruf den Kellner, es ist Zahltag
„Tips appreciated" – okay: Zückst den Stift,
Schreibst auf die Rückseite der Quittung diesen Ratschlag:

Du gehst nur einmal fort
YOLO:
You Only Leave Once
Forgetting you, unsettling me
I'm *Djesko unchained*
But to leave is silent
So I'm being vibrant
Leave it quietly behind
and I shall never come back

Dinge, die sich mitzunehmen lohnen
Von der Welt, in der wir wohnen:
- Vertrauen in Fremde
- Musikalische Klänge
- Guter Sex
- Schlechter Wein
- Ein paar freundschaftliche Hände
- Unser Recht zu demonstrier'n
- Die Kraft, die Welt hier zu ändern*
- Einen Basilikumtopf und
- Eine Tasche Gedichte
- Einen türkischen Park und
- Eine gute Geschichte

Flieg nach Palästina-Israel, versöhn die Religionen
Flieg nach Nordkolumbien, unterschreibe Petitionen
Gegen Paramilitärs,
schiebe Paras, Militärs an jeder Straßenecke
Wacht auf, wenn ich mal die Straße wecke
in chinesischen Provinzstädten
Frag die Wallstreet-Banken,
ob sie nicht mal fairen Zins hätten
Für Studienkredite
Flieg direkt nach Berlin Mitte – ist es wirklich bei uns Sitte,
dass wir Mauergedenkstücke
für Luxusapartments abreißen?
Frag, wie die Verantwortlichen heißen,
um dann öffentlich und wissentlich
auf all die Penner zu scheißen†

---

* Bisher leider keinen von den staatlich-rechtlichen Sendern
† Wenn ihr euch abputzt, benutzt bitte FSC-zertifiziertes Recycling-Klopapier

Flieg nach Indonesien,
verwandel die Palmölplantagen wieder in Regenwald
Schnell die Welt gerettet
Merk nur eben bald,
dass ich im letzten Absatz
mindestens sechs Fernflüge zurückgelegt habe
Würde meine Umweltbilanz ganz schön zerstören
Kauf ich eben wieder mehr Biomöhren,
aber auf mich wollte ja keiner hören

Scheiß drauf. Ich bin ausgebrochen
Hab ein bisschen von der Welt gerochen
Wie sie röche,
wenn sie nicht ständig röchelte wie ein Asthmatiker
Hab die Konvention der Alternativlosigkeit im
„Ich allein kann ja nix tun"-Land zurückgelassen
Da, wo die Zahnbürste steht. Pragmatischer:
ich ess jetzt einfach keine Schokolade mehr
Und plötzlich versteht man gar nicht mehr
Was man in dieser festgefahrenen Welt gefunden hat
Denn:

Du gehst nur einmal fort
YOLO:
You Only Leave Once
Vergesse dich, entfessel mich
Bin *Djesko unchained*
Doch das Geh'n ist stumm
Und eben drum
Lass ich's leise hinter mir
und kehr nie wieder zurück

𝄆 Und doch 𝄇
Hast diesen Ort verlassen, wo dich jeder –
wo du alles kennst
Und heimatlos irrst du durch die Welt
Das Fernweh: ist erloschen
Die Freiheit: abgedroschen
Und der Geruch von frischem Brot
und das Gefühl der Farbe Rot
Sind langsam auch aus deinem Koffer verdunstet*

Und vielleicht willst du jetzt zurückkehr'n,
doch du denkst an dieses Wort
„Verlasse je nur einmal jeden Ort“
Aber hey: Nur einmal gehn,
heißt zweimal ankommen dürfen
Solang du danach bleibst
Und weil du weißt, dass du vorhast zu bleiben
Kommst du wieder
Wirst dich fortan nur noch fortschreiben
Hast im Kopf jetzt diese Tür, die du eintreten kannst
Und von da aus in die fernen Welten eintreten kannst
Auch in deiner Stadt für irgendetwas eintreten kannst

'68 ist in deinem Kopf, die Revolution
Erteil dir selbst die Absolution
Denn ob Occupy, Gezi oder Blutspenden
Übers Internet nach Syrien mehr Mut senden
Verhindern, dass die Polizisten unsre Wut pfänden
Oder für Freiheit sorgen von hunderten Bruthennen
Ist ja nicht so, als ob wir nichts tun könnten

* Und schließlich könntest du auch wieder eine Zahnbürste gebrauchen

Denn eines Tags
  bist du auf jedes höchste Haus der Stadt gestiegen
Hast festgestellt:
  es stimmt, du kannst die Langeweile-Welt besiegen

Hast jedes Anagramm von Mut gebildet:
  MTU, UMT und TUM
Doch irgendwann hast du sie gehabt,
  deine fünf Minuten Ruhm
Und wenn es wahr ist, dass du doch nur einmal lebst
Warst du wirklich auch lebendig,
  wenn du leider nichts bewegst?

Du nutzt die Zahnbürste,
  und das Basilikum steht auf der Fensterbank
Und es sieht aus, als wärst du sesshaft,
  aber du hast längst erkannt
Dass das Geh'n nur wirklich leise ist, wenn du bleibst

YOLO

Verändert diese Welt, dort wo ihr seid

Das folgende Ein-Seiten-Märchen ist eine Scherenschnitt-Dichtung.
Entfernen Sie die schwarzen Felder. Bitte nutzen Sie eine feine Schere

Ich war einmal ...

Weißer Nebel*

Ich will endlich auch mal Texte schreiben,
die kritisch sind
Hab schließlich so viele Zweifel
unter meinen Fittichen
Aber sag mir, wie kritisch sollen all die sein
Denn ich kauf trotz allem immer noch bei Aldi ein
Kann noch so kritisch sein, denn im Grunde beseh'n
Bin ich auch nichts anderes als ein Punkt im System
Kapitalist. Spielt keine Rolle, ob ich gern was andres wär
Ich bin so aufgewachsen,
ändern geht dann nicht mehr
Und darum schreib ich solche Sachen, als mein Dank
Doch bleib so sehr im System wie ein Halbzeitpunk
Nichts ändert dich, solang du in der Sonne bist
Lebst du als Konsumist anstatt als Kommunist

Weißer Nebel zwischen den Anden
Alles leer und weiß und hoffnungslos,
wie wir es dort erfanden
Weißer Nebel zwischen den Anden
Wo führt der Weg hin,
wo werden wir landen?

* Diese Lyrik einer verpassten Revolution war einst ein Songtext des Bandprojektes „Fremdgang". Das ist so lange her, dass sich seit dem immer noch nichts geändert hat.

Ich lebe mein perfektes Leben,
mit mehr Glück als fair ist
Mehr ist immer drin, trotzdem sag ich,
dass es schwer ist
Und höre Manuskript und Audio88
Obwohl das, was er sagt, nix hilft,
bloß weil er's ohne Reime macht
„In Peru wurden die Straßen
seit dreißig Jahren nicht bearbeitet
Aber das Wahlplakat ist von gestern."
Seht ihr, das kann ich auch,
doch ändern wird sich dadurch kein Stück
Außer der Tatsache,
dass ich mich etwas anders ausdrück
Wo wir dabei sind:
In Matahuasi kann sich nicht jeder
fließend Wasser leisten
Aber Fernseher haben die meisten
Und irgendwie bin auch ich da mit schuld dran
Für die meisten Bolivianer bin ich reich wie ein Sultan
Und während sie die Arbeit schultern
Häng ich auf ihre Kosten dem Konsumkult an
Kauf mir Klamotten, die ich nicht brauch
und geh ins 3D-Kino
Und trink für fünf Euro fünfzig
'nen Starbucks-Mocca-Frappuccino
Obwohl mir all das bewusst ist,
kann ich nicht darauf verzichten
Und meine Kultur sagt mir, es bringt was,
so 'nen Text zu dichten

Weißer Nebel, zwischen den Anden
Alles leer und weiß und hoffnungslos,
wie wir es dort erfanden
Weißer Nebel zwischen den Anden
Wo führt der Weg hin,
wo werden wir landen?

Wir fühl'n uns sicher hier, uns kann ja nix geschehen
Und wenn da unten jemand stirbt,
ist das nicht unser Problem
Und immer wieder fragt man sich,
wann werden wir es versteh'n
In dieser Welt passiert nichts aus Versehen

Doch nur mal angenommen
jemand hört hier zu und versteht's
Als Gegenpol zu manchen Texten
über Drogen und Klischees
Wird das dann irgendwas ändern –
wird dann plötzlich alles gut?
Wo schon der Autor dieses Textes meistens auch nichts tut
Und in Antioquia fährt man 'ne Stunde für zehn Kilometer
(Na wenigstens kommt man überhaupt noch voran
Denn in Dölau hört man am Bahnsteig nur lautes Gezeter
„Fünf Minuten Verspätung bei der Bahn!")
Und eigentlich ist es auch nicht anders,
so wie die da unten leben
Schlafen, ficken, arbeiten
und Nahrung zu sich nehmen
Nur ohne iPhone. Und alles stirbt deswegen bald
Neblina Blanca von den Anden bis zum tiefsten Regenwald

Weißer Nebel zwischen den Anden
Alles leer und weiß und hoffnungslos,
wie wir es dort erfanden
Weißer Nebel zwischen den Anden
Wo führt der Weg hin,
wo werden wir landen?

Weißer Nebel, schwarzer Sand,
  eine Welt in der Hand
Leidenschaft wie blauer Samt,
  aber leider verkannt
Person A im Goldgewand,
  Nummer X nur abgebrannt
Drängt die Mehrheit an den Rand
  mit dem Rücken zur Wand
‖: Rote Seele, braunes Land,
  weißer Nebel, schwarzer Sand :‖

Weißer Leben:
  Wie in der Wäsche ausgebleicht
Denn für Ökowaschmittel hat's nicht ausgereicht
Stattdessen leben wir Luxus, wie im Haus des Scheichs
Spielten die erste Violine,
  jetzt hat's sich ausgegeigt
Jetzt wird auf Zupfen umgestiegen,
  doch ich brauch 'nen Streich
Dann wär es ein für allemal jedem hier auch gezeigt
Denn wenn wir auf dem Weg gehen, ist es auch nicht weit
Und frag mich selber:
  Bist du dazu wirklich auch bereit?

Weißer Nebel zwischen den Anden
Alles leer und weiß und hoffnungslos,
wie wir es dort erfanden
Weißer Nebel zwischen den Anden
Wo führt der Weg hin,
wo werden wir landen?

Weißer Nebel zieht auf und verschwindet nicht
Er bindet mich
und obwohl ich suche, hey ich find ihn nicht
Den Weg, der mich hier rausführt
Und ich bin nicht der Typ,
der dann 'ne Revolution aufrührt
Denn was kann ich schon tun,
außer Spenden und Texte schreiben
Doch ich will nicht der Letzte bleiben,
der tatenlos zuschaut

* Das folgende Farbwahl-Gedicht wechselt zwischen hell und dunkel wie das Leben selbst. Was Sie davon sehen, hängt davon ab, wie viel Sie davon zu lesen mögen. Unverbesserlichen Optimisten empfehle ich, mit einem dicken, roten Edding alle schwarzen Buchstaben durchzustreichen

in der dunkelheit der dämmerung verbleibt nur die farbe der erinnerung das vage der veränderung die wahl eines wahrhabens ebenso wie das gelbgraue licht besteht bestimmt aus dem nichtsein das da bleibt bei all dem wenn der lichtschein sich auflöst uns aufstößt und uns're freiheit ausstößt uns're absicht verdeckt und die hoffnung versteckt in der dunkelheit der dämmerung verbleibt nur eine geschichte auf papier der skizzenhaften schwere einer nacht von kaum gewicht doch nichts ist bei aller aussicht schwerelos wenn man es in der finsterheit von fremden augen sieht verbleibt die letzte sehnsucht eines draufgängers ohne aufsicht bloß als letzter aufhänger vor dem rausschmiss der die neumondnacht zum leumund macht und auf den tag verzichtet nicht richtet über traurig-fremde kerzen auf das sein trotz stolz verholzt im sinne aller scheinbar so als ob die wahl sein war als könnte er die sternenlose finsternis durchschneiden mit schnitt fein den blick frei als wär hier nichts dabei der schrei der alpträumerei in seinem nachtkalten bett nichts als heimarbeit das happy end stets unendlich eichbar doch alles ist vergänglich und endlich unerreichbar wie dem schnitt den er zieht und der sein ende nie verarbeitet vergleichbar und es dämmert wie's manches alltagstumbes pärchen schafft das glück darin nur findet indem es selbiges zu beenden vermag in der dämmerheit liegt er auf der oberfläche dessen was ihn bindet und spürt seine haut nicht mehr und glaubt nicht mehr alles ist die traute mär eines kommenden sorgenfreien morgens nach der nächtlichen dunkelhaftigkeit der dämmerung*

Lichtsmog

Selbstgewählt naiv:
Färb die Welt instagramfarben
Endlich dranwagen, ohne Fangfragen
Die Antwort klar wie der Himmel
Ohne hadern, ohne bangen
Ich möchte den Moment einfangen
Reinlangen
Reintanzen
Es ist Zeit, was zu ändern, hier im Großen und Ganzen

Denn die Welt liegt mir zu Füßen
  und drum heb ich sie auf
Wenn Zeit Geld ist, bin ich reich
  und nehm das Leben in Kauf
Nenn mich naiv – ich mach's zum Kompliment
Spread love over the continent
Ich möchte rausgehen
Und aufstreben
Das System hier aufgeben
Und aufheben
Es als Päckchen aufgeben
Rebellion vom Boden aufheben
Und dann endlich raus, leben!
Aber man hört nicht auf, uns zu sagen,
  dass wir keine Chance haben

Protestieren auf den Straßen, auf denen wir gestern saßen
Und wir wissen alles, aber wir fühlen's nicht
Es ist so dunkel und wir sehen kein Licht

Die Welt rennt, alles aussichtslos
Dein Geld brennt, doch die Aussicht 's groß
Keiner hört zu, keiner passt auf
Was ist nur los? Denn wir schreien so laut
Kapitalypse! Das ist die Kapitalypse!

Doch solang ich durch den Lichtsmog der Stadt
nur einen Stern noch seh
Hör auf, mir die Hoffnung zu rauben
Und solang ich durch den Lichtsmog der Stadt
nur einen Stern noch seh
Lass mich ans Leben glauben!

Und es heißt, man kann die Welt nicht ändern
Revolution ist nicht hier, sondern stets in andren Ländern
Ja, sie zeigen es im Fernsehen
Wie eine spannende Geschichte,
die wir manchmal gern sehen
Und so müssen wir nicht hersehen,
was bei uns geschieht
Und wir warten weiter, bis der weiße Nebel sich verzieht
Wir hören nicht zu, doch erinnern uns
an *Ton Steine Scherben*
Und merken nicht, dass wir ja schon Schweine werden
Und nein verdammt,
ich will hier keinen Sohn, keine Erben
Verflucht, ich wohn bei den Schergen

Die Ignoranz ist ein Riese
Wir bleiben Kleingeister, Heimscheißer,
  ich selbst inklusive
Es heißt, wir leben in trägen Zeiten
Nicht wie damals '68,
  wo die Menschen Tränen zeigten
Glaub ich nicht
Die Wahrheit ist:
It's easy listening to lies
  and ignore all the cries of Cassandra.
Pandoras box is open anyways
And hey, there aren't many ways,
Right?
So we listen to the songs of the rebels
While we dance and we party on the pebbles
Doch man hält uns dumm
Und eben drum
Wissen wir nicht, was wir tun sollen,
  bleiben deswegen stumm

Vi har honning og melk, og de mykeste senger
Brenner verden, brenner mennesker og brenner penger
Har miste kjøreplan
Ingen hører på
Fordi alle munn, men ingen ører har
De snakker mye, men gjør' så lite
Tro på fremtiden: Som er en myte
Vi er her, og kan tole en støy
Men de hører ikke, skjønt vi skriker drøy høy!
Capitalypsen! Er dette Capitalypsen?

Men vil vi være asteroidene, eller stjerneskudd
Kall meg gjerne en naïv, godtroende gutt
Og ja, fremtiden er langt unna
Men hold hode hevet, vi er ikke på grunna
Og så lenge vi kan, gjennom lysforurensinga, se en stjerne
Spiller det noen rolle hva vi vet
Og så lenge vi barer på håpet som kjerne!
Vi vil tro på livet*

In einer Welt, in der *Gutmensch* eine Beleidigung ist,
und *Zyniker* ein Lob
Ist Naivität der Motor an dein'm Boot
Die Utopia bleibt unser einzig guter Geist
Der Drachen an der Schnur, der uns in den Himmel reißt
Während der Boden alternativloser Tatsachen
Von jenem Chaos, das wir selbst jeden Tag schaffen
Unter unseren Füßen entschwindet
Man muss immer erst losgehen, bevor man etwas findet!
Also leiste ich freigewählt naiv meinen Schwur
Zwischen Gut und Böse liegt nur eine Schnur
Ein Band: zehntausend Menschen mit dem Arm nach oben
Der Unterschied liegt in unserer Hand:
Gestreckt oder geballt
Die Intention Gewalt
Oder dem Nachbar gegeben
Es ist unsre Welt und unser Leben
Eine Welt von Drohnen, Wasserwerfern,
Tränengas und Kesseln
Von stillen Zeitungen, Knebeln und Fesseln

* Norwegische Übersetzung mit Unterstützung von Kaja Ahnfelt für die Osloer Slam-Meisterschaft und weil es dort „so dunkel und wir sehen kein Licht" war.

Die Welt ist ein Fass, das ist der letzte Tropf
Und nur Zusammenhalt ist unser Reset-Knopf
Lange drücken, schwarzer Bildschirm,
  Bias neustarten
Es gibt kein' Grund mehr zu warten

Die Welt rennt, alles aussichtslos
Dein Geld brennt, doch die Aussicht 's groß
Keiner hört zu, keiner passt auf
Was ist nur los? Denn wir schreien so laut
Kapitalypse! Das ist die Kapitalypse!

Doch solang ich durch den Lichtsmog der Stadt
  nur einen Stern noch seh
Hör auf, mir die Hoffnung zu rauben
Und solang ich durch den Lichtsmog der Stadt
  nur einen Stern noch seh
Lass mich ans Leben glauben!

Wir lieben die Naivität, denn sie stirbt zuletzt
Doch sie ist und sie bleibt verletzt
Wir sind weit vernetzt
  und stärker, als es heißt
Verzweifeln niemals wirklich gänzlich, denn du weißt:
Solang du durch den weißen Nebel
  andrer Menschen' Augen siehst:
Lass uns ans Leben glauben

Schierling

Habe mich eingeschrieben,
aufgeschrieben, abgeschrieben
Karrierewünsche eines Tages
einfach abgetrieben
All die Erkenntnisse sind letztlich leider ausgeblieben
Ausgetrieben, abgewiesen, niemand weiß wo abgeblieben
Ich hab versucht, die Hörsaalzeit-Intrigen auch zu lieben
Halb verschwiegen akzeptiert,
  Begeisterungen abzuschieben
Nur um am Schluss die Akte ausgeschrieben
  auch zu kriegen
War das mit all der Starrheit und dem Druck
  noch aufzuwiegen?
Denn man versprach so viel,
  doch hat sich nur versprochen
Bis eines Tags das Ziel nurmehr die Sommerwochen
Ja, war schon ausgebrochen, eingebrochen, hab gebrochen
Hab auf das Prüfungsblatt
  gekotztes Wissen scharf gerochen
Doch alles was man weiß, ist, was man nicht weiß
Man lehrt uns schwarz und weiß,
  doch nicht, was Farbe heißt

Wollte das Land bewandern,
  jahrelang am Rand mäandern

und dann den Kern der Dinge sehn
Wollte mein' Kopf befreien, noch mehr reifen,
doch begreifen,
ich werd ihn einfach nicht versteh'n
Denn das wär gegen das System

Sind weltlich eingeboren, ausgegoren, auserkoren
Lassen die Haare wachsen,
lang genug den Kopf geschoren
Ihr kriegt den Körper und ja, ich weiß,
ihr kriegt uns'ren Geist
Doch uns're Seele bleibt frei,
was auch immer das heißt

Damit du auf Tagesschicht nicht schon am Sterben warst
Fingst du dir Tageslicht ein in ein Konservenglas
Auch wenn die Sonne jetzt scheint vor deiner S-Bahn
Hörst du die Stimmen in dein'm Kopf über dich lästern
Wir werden kaufen, schuften,
wie man's im System verlangt
Doch rechnet nicht damit,
dass euer Name auf dem Herzen prangt
Denn es erstickt nicht von selbst:
Wir reichen ihm schon den Schierling
Nehmen den Dolch von der Wand,
der da nicht nur zur Zier hing
Denn, ja, ihr kriegt unsren Körper,
Und ja, ihr kriegt uns'ren Geist
Doch uns're Seele bleibt frei.
Falls ihr wisst, was das heißt

Die Rückkehr der Wölfe

Ein Gespenst geht um, hier im Kontinent
Es ist inkonsequent, aber leider konsistent
Längst schon fleucht es nicht mehr unsichtbar
und unsicher umher
Nein, es scheucht selbst jene,
die entschlossen war'n zur Umkehr
Unfair; unschwer zu erkennen, was gesund wär
Zeigt es Ecken und Kanten, ist nicht unfassbar
und rund mehr
Du siehst es durch die Gassen schon rasen
Will die Rassen vergasen
Hör, wie die Hoffnungslosen hilflos
hier vom Hassen nur lasen
Und trotzdem ist es weiter schwer zu fassen wie Hasen
Dort sitzt es in den Städten
und den Dörfern dieses Landes
Und flüstert zu zurückgelass'nen Wesen jenes Randes:

„Schau dich doch an, wie erbärmlich du da stehst
Bist ein Niemand in der Welt,
die du schon lang nicht mehr verstehst
Wird's nicht Zeit, dass du aufstehst
und rausgehst und drauf schlägst
Auf dieses Andere, das unverdient und faul in deinem Haus lebt?
Du hast's doch so schwer gehabt,

sollst du jetzt auf dich nicht stolz sein?
Wenn du weiter stumm sein solltest,
müsstest du ja schon aus Holz sein
Es ist deine Chance, dein Land, das sie dir grade wegnehmen
Wer's anders haben will, soll gefälligst endlich weggehen
Nicht mehr wegsehen, im Dreck stehen, von Deck gehen
Deine Ernte wird groß sein, also los und gehe Schreck säen!"

Doch die Ernte werden Bomben und Raketen sein
Die Sternschnuppen ihres rechten Traums
schlagen als Kometen ein
Wenn dann Europa wieder brennt
Und selbst dein Opa nicht erkennt:
Es ist das braune Gespenst unterwegs im Kontinent
Denn die Worte sind das Eisen,
aus dem man Gewehre gießt
Und der Hass ist Munition,
mit der man dann auf Heere schießt
Plötzlich ist man selbst der, welcher mit den Booten flieht
Weil bis zum letzten Schreckmoment
doch niemand jetzt die Boten sieht
Der tote Krieg, die Macht der Nacht,
die Steine hinter Stirnen
Es steht in ihren Stimmen,
nicht unbestimmt in den Gestirnen
Es ist nicht ein Gespenst, das umgeht
kein Virus, kein Dämon
Keine Angst, keine Verlassenheit,
noch nicht einmal der Hohn
Es waren nie die dummen Schafe stumm im Schlafe,
die die Welt anzünden:

Die Wölfe kehr'n zurück,
um ihren Blutdurst wieder anzukünden
Sie rutschen nicht auf Mäusen aus
und schießen nicht aufs Kind
Sind nicht im Kopf zurückgeblieben
und sie sind noch nicht mal blind
Sie lechzen nach Macht, wetzen zur Schlacht
Schätzen 8-8 und hetzen bei Nacht wohlbedacht
Schreiben *Wutbürgerkolumnen* in der *Welt*
Freuen sich, dass ihre Fahne endlich wieder zählt
Liefern Leuten Gründe, dass man andre Menschen quält
Und reden von der Obergrenze, an die man sich hält

Die Rückkehr der Wölfe: nie geplant als Volksrevolte
Das faire Aufbegehren nie, was Wolfesmeute wollte
Sie lutschen und verführen
Sie putschen und sie führen
Sie strafen und sie küren
Könnt ihr ihre Peitschen spüren?

Sie sind längst in uns'ren Städten,
wollen Europa brennen sehen
Wenn die Flammen wieder züngeln,
werden sie uns rennen sehen
Wir erwachten aus dem Schlaf
Und sah'n den Wolf in unsrer Mitte
Und mit jedem kleinen Schritte ist das Hassen wieder Sitte
Great Depression, „wieder stolz sein", Brandanschläge
– schon geschehen
Frag, wie viel Jahre bis zum Putsch?
Haben wir alles schon gesehen.

Nafaka

All that she wants, is to fly away and
– she's gone tomorrow
All that she wants ..."

... ist aus *dieser* Stadt zu kommen
Und trotzdem *aus* dieser Stadt zu kommen
Doch der Yugo, in dem sie vor sich hinsingt, ist kaputt
Auf den Straßen Sarajevos liegen Berge von Schutt
Und ihre Mama hat gesagt:
„Azra, geh nicht aus dem Keller
Wenn die Sniper draußen schießen.",
doch die Tage werden heller
Und wenn man mit sieben
im Sommer nicht spielen kann,
dass man ans Meer fährt
Sag, was ist dann mehr wert?
Dass man sich gegen's Heer wehrt?
Die Einschusslöcher an den Häuserwänden
bilden runde Narben
Dort im Fluss liegen Leichen,
doch das darf ihr keiner sagen
Und *Azra* heißt *Jungfrau,* auch wenn sie's nicht mehr ist,
doch davon spricht man nicht
Aus dem Keller dieses Hochhaus'
sieht man nachts die Lichter nicht

Letzte Nacht sind zwei der netten Nachbarn
  neben ihr verschwunden
Geflohen in das Leben oder verreckt an ihren Wunden
„Wenn ich groß bin, will ich klein sein“, denkt Azra,
  so klein, dass sie niemand sieht, wenn sie flieht
Aber: „Wer flüchtet, überlässt das Land den Dummen.“
Sagt Papa, „und die spielen dann mit Wummen
Und machen Jugos kaputt,
  anstatt in kaputten Yugos zu spielen
Wir sind vier unter vielen
Und die lässt man nicht im Stich
Mögen nach Deutschland Geflohene auch lästern –
  unter'm Strich
Sind wir das Orchester,
  das im zerstörten Parkhaus weitergeigt
Wir bleiben hier,
  damit nach all dem wer dem Land die Zukunft zeigt!“
Aber Azra war noch nicht mal im Orchester
Und in der Schule war ihr Bruder manchmal Bester
Aber sie, die Schwester,
  hat das erste Zeugnis schon zerrissen
Wird die Schule nicht vermissen
Mit beflissenem Gewissen beinah ausgerissen
Aber gar nichts von der Zukunft wissen
ist gewiss beschissen – Du kriegst das schon gerissen

Novi dan, nova nafaka – Neuer Tag, neues Glück
Es ist finster und du kannst nicht zurück
Doch im Osten steigt die Sonne
  und schon ist ein neuer Tag da
Kopf hoch, draga Azra: *Novi dan, nova nafaka*

Die Schussnarben an den Wänden
  grienen Azra jeden Morgen an
Ein neuer Tag bricht an,
  an dem sie sich um andre Dinge sorgen kann
Azra ist dreißig, fleißig,
  Mutter von zwei Kindern, doch es reicht nicht
Roma sein und Arbeit haben, beißt sich
Und sie weiß nicht
Wer gibt schon einer Roma ohne Ausbildung
  ein Einkommen?
Wie soll sie aus vierzig Prozent Arbeitslosen
  irgendwo hineinkommen?
Die Bettlerin mit Kind
  bespucken Touristen mit ihr'n Blicken
Am Arbeitsamt verachtet,
  da lässt sie sich nicht mehr blicken
Und so sehr sie es versucht,
  kann sie doch kein' Job auftreiben
Werkbänke und Fabriken werden halt in China bleiben
Und Kriegskinder wie sie
  lernten nicht mal richtig schreiben
Aber Deutschland, ach Deutschland,
  was würd sie geben, dort zu leben
Geflohene Verwandte erzählen ihr, es sei der Segen
  und deswegen, wie verwegen
Kann sie nichts als Wünsche hegen,
  spürt die Hoffnung in sich regen
Es doch einmal zu versuchen
Angespartes – Ticket buchen
Lässt das Land leider den Laffen
Packt die Sachen

Die Kinder und die Verzweiflung in den Zug
Sät die Saat der Hoffnung,
wartet auf die Reifung und sie frug:
Was hab ich schon zu verlieren?
Ich leb auf allen vieren

Nova zemlja, nova nafaka – Neues Land, neues Glück
Es ist finster und du kannst nicht zurück
Doch im Westen steht die Sonne
und schon ist ein neuer Tag da
Kopf hoch, draga Azra: *Nova zemlja, nova nafaka*

Es ist dunkel in Deutschland, als ihr Zug die Stadt erreicht
Der Empfang durch Polizisten,
und der Weg ist auch nicht leicht
Man bringt sie in ein Flüchtlingsheim,
zu klein
Doch will sich nicht beschweren
Die Scheine reichen grad zum Schein,
um sie hier zu ernähren
Bloß: Sie wagt sich nicht zum Markt
weil ein Serbe ihr grad sagt
Dass in diesem Staat
die Flüchtenden vom Balkan niemand mag
Die andren sagen: „Flüchtlinge – okay: aber nur die Syrer."
Der eine meint, er sei ja kein Rassist –
aber wollt' nen Führer
Einmal wurd' sie ausgeraubt
Arbeit suchen nicht erlaubt
An den Aufenthalt gibt's niemanden,
der bei ihr daran glaubt

Auf die Ausländerbehörde geht sie mit gesenktem Haupt
Als sie das Land verlassen muss
  und zurück zum Bahnhof fährt
Ist diese Nachricht aus dem Radio, was sie zuletzt erfährt:

> Auf dem Marktplatz demonstrierten heute zweitausend Menschen gegen die weitere Aufnahme von Wirtschaftsflüchtlingen. Auf einer Rede des Veranstalters wurden insbesondere Überfremdung und Überlastung des Asylsystems kritisiert. Ein CSU-Sprecher kommentierte, die Sorgen besorgter Bürger müssten berücksichtigt werden: „Wir, als christlich-soziale Partei, haben ja nichts gegen Flüchtlinge", versicherte er, „Aber die aus dem Balkan belasten unsere Sozialsysteme. Und bei der derzeitigen Arbeitslosigkeitenquote können wir keine Arbeit an Leute aus sicheren Herkunftsländern vergeben!"

Wechsel den Radiosender; dreh die Zeit kurz zurück
Jednak dan, nova nafaka: Gleicher Tag, neues Glück
Andre Menschen, andre Regeln und ein andres Radio
Kopf hoch, draga Azra: *Jednak dan, novi scenario*

Es ist hell in Deutschland,
  als das Land der Großstadt weicht
Azra hungrig und müde, doch ihr Herz wird leicht
Denn kaum setzt sie noch benommen
  auf den Bahnsteig ihren Fuß
Sieht sie hunderte Deutsche,
  applaudierend ihn' zum Gruß
Geben Brötchen und Wasser, führen sie zur Infostelle
Wo man auch Bosnisch spricht und sagt,
  sie sei keiner jener Fälle

Für's Asyl – doch kein Grund zum Rückflug buchen
Mit der Arbeitserlaubnis könne man's trotzdem versuchen
Bis dahin gibt's Sozialgeld plus den Wohngutschein
Er sagt: „Respekt, der lange Weg,
  das muss ja wirklich schon Mut sein."
Azra, die ist dankbar. Kann ihr *Nafaka* gar nicht glauben
Sieht die Straßen dieser Stadt fortan mit warmen Augen
Findet Job und Wohnung, wo die Herkunft sie nicht stört
Engagiert sich selbst auf Demos,
  denn sie fühlt sich jetzt gehört

Und wir ...? Wir sind zynisch.
  Denn wer hilft schon wirklich selbstlos?
#willkommenskultur, macht sich jeder doch bloß selbst groß
Sag, was ist nur mit der Welt los?
  Klar, macht das 'nen Unterschied
So wie diese eine Stunde, in der ich den Text hier schrieb
Und im Radio heißt es:

Einer Telefonumfrage unter zweitausend Deutschen zufolge stimmen sechsundachtzig Prozent zu, dass wir mehr Flüchtlinge aufnehmen sollten und können.

Und dann sagt irgendein besorgter Nazi:
  „Ey ich wollt nur mal sagen: Die Lügenpresse hat ja nur zweitausend Leute befragt, das spricht ja gar nicht für alle Deutschen!"
Und dann sag ich so:
  „Äh doch, die Statistik ist fett, Digger, ahn mal; mit fünf Prozent Fehlerwahrscheinlichkeit derbe repräsentativ, außer, dass die freshen Kids kein Festnetz mehr haben

und durchschnittlich linker sind als die whacken Oldies
und deshalb sind's eigentlich sogar noch mehr als sechsundachzig Prozent, das heißt, du bist die Maximal-vierzehn-Prozent-Minderheit, und jetzt hab ich dich rasiert wie 1 righter Friseur, Alta, nämlich bis zu deiner Glatze, çüs!"*
Und warum sag ich das jetzt alles hier?
Leute, das sind wir: Wir sind die sechsundachzig Prozent!
Ich will euch wecken, lasst euch nicht schrecken
Von vierzehn Prozent besorgter Deppen
Scheiß auf naiv, wir sind die Gutmenschen, Mutbürger
Lass uns mal was aushecken, aufdecken, auschecken
Lass uns mal auf Held wetten
Fuck, wir könn' die Welt retten!
... na gut, quantitativ vielleicht nicht, aber qualitativ, Bro!

Und ja, eine kleine Handlung manches Mal
wirkt manchmal schal
Doch deshalb enthälst du dich beim Dichterwettstreit
auch nicht bei der Wahl
Deine Stimme, deine Hand, steht am Bahnhof,
und sie sagt da:

Willkommen, draga Azra: *Novi dan, nova nafaka*

* Und das kann ich sagen, weil ich a) Soziologe und b) Rapper bin, auch wenn b) nicht viel dazu beigetragen hat, außer der street credibility.

-•-• •-•• •- -• -•• • ••• - •• -• *

• •••   ••• -•-• •••• • •• -• -   •- •-•• •••   --- -•••
•-- •• •-•   ••- -• ••• •-• •   ••• • • •-•• • -•
•-• • - - • -•   /
•-- • -• -•   •-- •• •-•   -•- ••- -• ••• - •••- --- •-•• •-••
•••- • •-• --•• •• • •-• -   ••- -• •••- • •-• ••• •• • •-• -
-•• ••- •-• -•-• ••••   -•• •• •   --• •- ••• ••• • -•
••• -•-• •••• •-• • •• -••• • -•   /
•••• --- ••-• ••-• • -•   ••• - ••- -- --   •- •-•• •••
--- -•••   •-- •• •-•   -• •• -•-• •••• - •••   --•• ••-
•-• • -•• • -•   •••• •- • - - • -•   /

--•• ••-   •- •-•• •-•• • •• -•   ••-• ••- • •-•
•-• • •••- --- •-•• - • -•   •-•• •- ••• ••• • -•   ••- -• •••
•••- --- -•   -- •- ••• ••• • -•   - •-• • •• -••• • -•   /
••- -• -••   •-- •• •-•   -••• •-•• • •• -••• • -•
••• - ••- -- --   ••- -• -••
-•-• •-•• •- -• -•• • ••• - •• -•   •-- • •• •-••
-•- • •• -• • •-•   ••- -• •••   •••• --- • •-• -   /
•-- • •• •-••   •-- •• •-•   --• •-•• •- ••- -••• • -•
-• •• • -- •- -• -••   -•- •- -• -•   -•• •• •
••• -•-• •••• •-• •• ••-• -   -• --- -•-• ••••
•-•• • ••• • -•   /
•-- •• •-•   •- • -• -•• • •-• -•   -•• •• • ••• •
•-- • •-•• -   -• •• -•-• •••• -   -••• •-•• • •• -••• • -•
•-•• • •• ••• •   • -- •--• --- • •-• -   /
-•• --- -•-• ••••   ••• •• -• -••   - •- ••- ••• • -• -•• •
•- --   ••• • •-•• -••• • -•   ••• - •• ••-• -
--• • •-- • ••• • -•   /

•• -•   -•• • •-•   ••• ••- -- -- •   -••• •-•• • •• -••• -
••- -• •••   ••• •• -•-• •••• • •-•   -•• •- ••• •••
••- -• •••   -•• •• • ••• •   •-- • •-•• -
--• • •••• --- • •-• -   /
-•-• •-•• •- -• -•• • ••• - •• -•   -••• •-•• • •• -••• • -•
•••• • •• ••• ••• -   -• •• -•-• •••• -   -•• •- ••• •••   • •••
-• •• -•-• •••• -   -•• •- •••   ••• -•-- ••• - • --
--•• • •-• ••• - --- • •-• -

* Dieses Morsegedicht ist nach Belieben durch Licht oder Ton reproduzierbar. Sie könnten es zum Beispiel mit Ihrem Lichtschalter den Nachbarn gegenüber schenken. Oder über Telefon in eine Relaisstation im Amazonas durchgeben. Der Autor übernimmt keinerlei Verantwortung für die Konsequenzen.

Fast wahre Großstadt-Märchen

Zwischen Abflüssen und den Steinen vom Pflaster | Wo die Regenrinnen rosten und die Ratten ihr Revier beschützen | Zwischen Hundekot, Asbest und Alabaster | Liegt die Wahrheit abgegriffen unter Gehsteigmützen | Kaum hebt man sie auf, zerinnt sie bald zwischen den Händen | Mag man auch noch so sehr sie drehen und zerwenden | Sie bleibt ein schmutziges Geschöpf | Gerupft und schon erschöpft | Um sie dem Blick genehm zu dehnen, hab ich sie beinah geköpft | Gebeugt, gedreht, gebogen | Durch Kakaobohn'staub gezogen | Doch trotz allem Märchenhaften niemals wirklich stark gelogen | Bloß das kalte Straßen-Schmettern singend zu -lingen gedrechselt | Zwischen Träumen und Leben, Wesen und Dingen gewechselt | Denn was die Wahrheit nicht versteht: | Dass sie als Ware schlicht vergeht | Was mal war und was entsteht | Was geschah und was besteht | Bleibt zu lesen nicht in Bänden | Sondern klebt unter den Sohlen | Wie die Linien auf den Händen | Unter Aschenruß von Kohlen | Von den Fakten an den Wänden | Kann sich keiner mehr erholen | Daher flunker ich Legenden | Von dem Schein der Metropolen | Schreibe von fast wahren Großstadt-Märchen, so als ob es zählt | Ganz, als änderten sie etwas an der Grausamkeit der Welt

Straßenmmusik

Regen. Selbst die Graffiti sind grau
Die ganze Stadt wirkt bei dem Wetter
wie noch grad im Aufbau
Man denkt, hier bleibt man trocken,
wenn man etwas an sich werkelt
Und bei Regen eine Fresse zieht wie Angela Merkel
Zwischen Neubau und Regenwolken
verschwindet der Kontrast
Um dich zurechtzufinden, brauchst du bald 'nen Kompass
Selbst der Regen hilft dir nicht dabei, mal klarzukommen
Denn alles fließt davon, du fühlst dich vag' benommen
Und aus der Regenrinne tropft es auf den harten Asphalt
Es ist kalt
Und ich denke, nichts gibt mehr Halt
Laufe durch herbstliche Straßen voller Monotonie
Doch horche auf: Und ich vergess' die Melodie nie
Ich seh ihn dort unter der Brücke,
vertreib' die Sorgen schon
Rapp' im Kopf zu der Musik vom Mann
mit dem Akkordeon

Mr. Akkordeon und ich, das habt ihr sicher klar gecheckt
Wir bringen Oldschool zurück,
das hier ist echter Straßenrap
Wir bleiben positiv, auch mit dem Hals in der Gruft

Probieren Kopfstand:
Schon weisen die Mundwinkel in die Luft
Zaubern aus Zitronen Limonade
und aus Chili Schokolade
Wenn wir fertig sind,
schmeckt sogar Mensaessen nicht mehr fade
Denn ich fühl mich bester Laune,
wenn ich diesen Sound check
Der Mann ist positiv!*

Er ist etwas älter. Und kein Traum der Schwiegermütter
Vorne fehlen ihm zwei Zähne und sein Haar ist schütter
Er wirkt durch Jahre verbraucht, dabei ein bisschen bieder
Und er spielt immer wieder seine vier Lieblingslieder
Aber das alles fällt, lauf ich vorbei, nicht ins Gewicht
Denn immer wenn ich ihn seh,
hat er ein Lächeln im Gesicht
Und sein Akkordeon versüßt uns Städtern jeden Tag
Weshalb ihn jeder mag. Auch wenn das niemand sagt
Und war an einem Tag die Mütze auf dem Gehweg leer
Kommt er am nächsten Morgen wieder,
spielt dann eben mehr
Er lebt so jeden Tag, denn wer kennt das Morgen schon?
Ich rapp' im Kopf zu der Musik
vom Mann mit dem Akkordeon:

Mr. Akkordeon und ich, das habt ihr sicher klar gecheckt
Wir bringen Oldschool zurück,
das hier ist echter Straßenrap
Wir bleiben positiv, auch mit dem Hals in der Gruft

---

* Wie tausend Schlagersänger auf Crack

Probieren Kopfstand:
Schon weisen die Mundwinkel in die Luft
Machen aus Hitler Ghandi
und aus Beelzebub machen wir Jahwe
Aus Bettel-Rap den Battlerap
aus Slams die Biennale
Ich fühl mich bester Laune hier,
es ist das reinste Sound-Fest
Der Mann ist positiv!*

Das Feedback seiner Fans,
das hält sich meist in Maßen
Doch wenn ihm danach ist,
dann zieht er musizierend durch die Straßen
Und der eine und andre findet seine Künste gut
Wirft aus dem Zweiten-Stock-Fenster ihm eine Münze zu
Als Dank spielt er dann die dritte Lieblingsmelodie
Denn die ist hundert allegro, null Prozent Melancholie
Und wenn man nur im Vorbeigehn zu ihm rüberschielt
Sei dir sicher, dass er, wenn du fragst,
ein Lied für dich spielt
Dann bleibst du nicht mehr still,
es tanzt dir jedes Chromosom
Rappst im Kopf zu der Musik
vom Mann mit dem Akkordeon:

Mr. Akkordeon und ich, das habt ihr sicher klar gecheckt
Wir bringen Oldschool zurück,
das hier ist echter Straßenrap
Wir bleiben positiv, auch mit dem Hals in der Gruft

* Wie nach nem HIV-Test

Probieren Kopfstand:
Schon weisen die Mundwinkel in die Luft
Machen aus Bullenscheiße Katzengold,
aus Nierensteinen Jade
Aus Artensterben Art vermehren, anstatt Qual der Wale
Fühle mich bester Laune, höre ich die Soundselektion
Der Mann ist positiv*

Eines Tags sprach ich ihn an, gab ihm ein Kompliment
Erzählte ihm,
  dass ihn inzwischen jeder meiner Freunde kennt
Und fragte, was das für ein Song sei, dieses dritte Lied
Welches er ständig spielt,
  wenn man ihn in Stadtmitte sieht

Schon während er die Frage hört,
  beginnt sein Fuß zu wippen
Doch das Lächeln verschwindet von den spröden Lippen
Es war im Kosovo. Damals im Flüchtlingsheim
Da war sein kleiner Sohn, der hörte nicht auf zu wein'
Dessen Mutter hatte man vor seinen Augen erstochen
Sieben Tage hat er nur verbranntes Fleisch gerochen
Er klaute ein Stück Schokolade, gab es seinem Sohn
Und summte ihn in den Schlaf, ohne Akkordeon
Die Melodie hat er seit dieser Nacht dort nie vergessen
Reiste illegal nach Deutschland
  und verdient hier so sein Essen
Das Akkordeon, das erbte er von einem guten Freund
Und seit der Jugend
  hatten sie zusammen von Deutschland geträumt

* Wie Antiteilchen von 'nem Elektron

Doch das ist schwerer als gedacht,
  hat ihm oft Sorgen gebracht
„Aber so läuft das eben“, sagt er dann zu mir und lacht

Ich würde gerne mehr als nur die Hand voll Münzen geben
Doch bin noch etwas irritiert, und frage ihn deswegen:
„Wie kannst du trotz dieser Geschichte
  weiter deine Laune heben?“
Da lächelt er nur und sagt:
  „Ich bin am Leben.“

Stadtmalerei

Kreuzberger Event: es war ein Meisterabend
Erholsam nach diesem Tag
und auch den Geiste labend
Etwas Kultur und,
weil man morgen frei hat, Beats
Jetzt noch ein Bier für den Weg zum Heimatkiez
Heiliger Duft auf der Zunge
Eisige Luft in der Lunge
Junge schöne Menschen auf dem Nachtspaziergang
Kleine süße Kneipen, die sich sacht verziert hab'n
Gelachte Bierfahnen, von acht bis vier dann
Schlecht bewachte Bahnen neu gemacht
im Schmier-Wahn
Hier hält ein Pärchen die Hand
Dort lebt von Freuden ein Mädchen
In Kreuzberg hat man sich lieb
Man hat sich wieder erkannt
Und geht mit Freunden zum Lädchen
Links läuft ein Rechter vorbei, rechts ruft wer:
„Haltet den Dieb!"
Man erinnert sich selbst, wie krass, hab ab und an acht
Den Dieb zu halten: zu spät,
der Mann läuft zu schnell von dannen
Das Dunkel frisst die Gestalt und er taucht ab in die Nacht
Das Opfer sitzt auf dem Boden

und schiebt Papiere zusammen
Es war ein Becher voll Geld für ihre Straßenmalerei
Man will ihr irgendwie helfen, war ja quasi nah dabei
Kauft ihr schnell Pizza oder Kaffee,
denn die Nacht ist heute kalt
Für mehr bleibt grad nicht die Zeit,
die Heimweg-S-Bahn kommt schon bald
Und dann geht man nach Hause.
Gute Tat vollbracht?
Fall in die warmen Kissen, bis irgendwann
und gute Nacht

Hmm ...

Das hier ist die Geschichte,
die man hört, wenn man bleibt

Sie nennt sich *May Day*
und schläft seit zwanzig Jahr'n unter den Sternen
Seit sie mit sechzehn entschied,
jenseits der Schule zu lernen
Sie zeichnet wilde Bilder und sitzt am Schlesischen Tor
Aber sich hängen zu lassen,
kommt in ihrem Wesen nicht vor
Das, was sie malt, wird verkauft, es ist kein leichtes Leben
Und für das tägliche Brot – naja, da reicht es eben
Sie wäre reif für Galerien
Auch wenn es meist nicht danach schien
Wenn man sie nur ausbilden würde,
käme da eigentlich viel
Nur für die Ausbildung und Schulung in ihr'm eigenen Stil
Reichte's aber nie

Denn was sie hat, musste sie sparen für einen Gehwagen
Doch sei dir sicher, selten hörst du von ihr Wehklagen
Und so bleiben die Blätter
  auf dem Boden vor ihr roh und wild
Ein Werk in ihrem Oevre wirkt bald wie ein Zoo als Bild
„Das mit dem Becher war blöd“, sagt sie,
  „was soll’s, war ja nur Geld.“
Und nicht so wertvoll wie das Buch,
  das sie in ihren Händen hält
Sicher hat’s von den Welten-Malern nicht jeder gesehen
Doch wurd’ dies Buch mit Strichen
  von hunderten Federn versehen
Es wanderte von Künstlerhand zu Künstlerhand,
  und nun sind tausend Mythen drin
Und seit den letzten Monaten ist May Day seine Hüterin

Doch es ist nicht das Original, es gab ein weiteres Buch
Das sie einst hütete – dies hier der zweite Versuch
Sie schlief im Bahnhof damals,
  wie man’s häufig ohne Laken tut
Da stahl ein Fremder ihr das Wägelchen
  mit allem Hab und Gut
Mit Wagen, Bildern und dem Geld
  war sie zwar wirklich Schweres los
Aber das schwarze Buch verlieren,
  war ein wirklich schweres Los
Denn sie war schwerelos, hat darin gelebt
Wie man nur durch etwas erbebt
Was einen innerlich erhebt
Ihr dieses Stück zu stehlen, war das größte Verbechen:
Es wäre sicher zu verstehen, würd’ sie daran zerbrechen

Doch ...
  Sie zeichnet weiter, fängt neu an
  und macht ein Bild aus der Ballade:
Ihr Rücken ist krumm.
  Doch ihr Blick ist noch gerade

Brückentanz

Lucí tanzt über Brücken,
so als gäbe es den Regen nicht
Weil von jenseits ihrer Zehen
Licht von unterhalb der Wege bricht
Wo ihre Haut Asphalt berührt,
wächst *Persischer Ehrenpreis*
Und wenn ihr Blick gen Ferne schweift,
gibt er dir keine Schwere preis
Sie hat das Glück gefressen, Welt vergessen,
tanzt die Angst in ihren Schatten
Und sich selbst von dannen
Foxtrott mit den Rotwildhunden,
Rumba mit den Ratten
Und Lucí, die steht in Flammen

Doch lasst mich von vorn erzählen
Von den Schritten, die wir ganz wählen
Zwischen Stolpersteinen und Tanzsälen
Die sie selbst euch nicht beschreibt,
denn sie bleibt verschwiegen
Sie hätte so viel zu erzählen, doch sie schweigt immer
Ich hingegen leb mein Leben hinter Schreibmaschinen
Aber Lucí lebt ja nicht in meinem Schreibzimmer
Doch wenn ich mal nichts zu tun hab
Und das Schreiben manchmal satt

Schau ich zeitverloren schweifend
  aus dem Fenster meiner Stadt
Mancher nennt es spannen, andre spannend hierzulande
Was vom vierten noch verzierten Stock dort unten gassiert
Wenn mein Vogelblick von oben blickt, was unten passiert
Flieg ich die Giebel entlang,
  bis ich entschließe, hier zu landen:

Grad am Kanal, denn der Grat dort ist schmal
Zwischen Fliegen lernen und Fallen
  hast du gar keine Wahl
Da wo's Joint heißt statt Chefetage, wenn ihr *hoch* seid
Wo der Wedding nur ein Stadtbezirk ist,
  selbst zur Hoch-Zeit
Man zieht sich einfach warm statt einen Ring an
Hier ist die Peripherie. Jenseits der Ringbahn
Dort sitzt Lucí in der Luft, schlaff und leicht fertig,
  über jener Brücke
Haftet an der Hölle, die so recht nur unsere Welt schafft
Die Füße baumeln leichtfertig über dieser Lücke
Und darunter fließt die Frage
Was geschieht nur dieser Tage
Die sie selbst nur vage in der Lage wäre zu beschreiben
Als hätte sie die Wahl, einfach hier sitzen zu bleiben
Einen Grund gibt's immer. Wie beim Fluss zu ihren Füßen
Was immer sie auch tat, sie wird es büßen
Sie sitzt dort: Auf der Brücke zwischen Hölle und Sein
– auf beiden Seiten wäre sie allein
Sie hat viel verloren, längst ist ihre Jugend schon vergoren
Die Augen werden dumpf wie das Fiepsen in den Ohren
Aus ihrer Sicht war alles, was geschah, nur hart gemein

Und nun lebt sie in den Park hinein
Doch nicht jedes Leben im Zelt ist wie Urlaub
Ihr Lebensweg war selten Pflasterstein
 und meistens nur Staub
Dafür steil und irgendwie zu krumm
Alle Wege führten irgendwann zum Rum

Ich schwebe neben diesem Wesen
Kann die Wege nicht verstehen
Ich bin ein aufmerksames Blatt
 von einem jungen Trieb am Baum
Und ihr Herbst ist nur mein rotbrauner Traum
Der zu Altlaub stirbt
Ist mir unversehens schon geschehen
Den Gedanken schon gesehen
Dass die Münze, die wir lehnen, zu Metallstaub wird
Von einem findigen Handelsmann
Im windigen Wandel dann
Von Gassen aufgelesen
Und in Massen hinter Tresen
Gemischt mit Waldraub-Sägespänen
 in Hinterhofküchen
Wo sie sich bei Klebstoffgerüchen
Und gekochten Seifenblasen wähnen
Eine Prise Mohn von dem hartverdienten Lohn
Abgeschmeckt mit Zucker
 für die Konsistenz und guten Ton
Gepresst zu grauweißen Tabletten
Die ihre Finger kaum greifend erretten
Taubheit befällt schlicht ihre Zunge, pelzig,
 sie hält sich am Parkbankgeländer; fällt nicht

Und die kältliche Weltsicht pellt sich
Unter jedem Regentropfen schwimmt ein Regentänzer
  mit dem Abfluss-Schwall
... Herzlich willkommen zu Lucís Abschussball

Denn seit dem ...
  Tanzt sie über Brücken, so als gäbe es den Regen nicht
Denn der Tag ist nicht erreicht,
  wo sie deswegen mit dem Leben bricht
Und wenn sie mit den Füßen und dem Takt
  auch neben Wegen liegt
Ist ihr in diesen Stunden nur bewusst,
  wie viel das Leben wiegt
Unter ihrer Brücke fließt jetzt Gold statt Fragezeichen
Denn wie sollten ihr die kargen Zeiten
  jemals grade reichen?
Wo ihre Haut Asphalt berührt,
  wächst *Persischer Ehrenpreis*
Und wenn ihr Blick gen Ferne schweift,
  gibt er dir keine Schwere preis
Sie hat das Glück gefressen, Welt vergessen, angstlose Ära
Paartanz mit der Freiheit und der Einsamkeit zusammen
Seil- oder Stepptanz, frei und im Wettkampf,
  live Jive-Limbo oder Capoeira
Die Zunge ist jetzt pelzig und Lucí, die steht in Flammen

Doch wie alles, was entflammt
Ist sie irgendwann verbrannt
Und ich müsste lügen, sagte ich, ich hätte sie gekannt
Denn auch wenn ich mit ihr fühle,
  fehlt mir für sie der Verstand

Ich hab ihr Leben nicht gelebt,
ihren Durst nicht geschmeckt
Hab mich nie mit ihr im Abbruchzelt
vor'm Ordnungsamt versteckt
Zwar gesehen, wie sie fiel – doch auch erblickt, wie sie flog
Und wie steht mir das Urteil zu, was sie über Brücken zog?
Sicherlich: Es war mein Münzstaub,
der in ihrer Pille steckte
Doch was geht es mich nun an,
wozu er ihren Willen weckte?
Hab ich ihr damit geholfen? Auf die Dauer leider nicht
Zumindest scheint es so aus meiner Sicht,
weil sie nicht weiter spricht

Aber als sie über Brücken tanzte und die Welt vergaß
Saß die Leichtigkeit in Tanzsandalen neben ihr im Gras
Spritzte Salsa über alles und zerbrach das letzte Glas
Einen Augenblick war sie die schönste Tänzerin im Land
Die Ratten in der Hand und ihr Haar, das hat gebrannt
Sie hat das Glück gefressen, Welt vergessen,
tanzt sich selbst von dannen
Den Tango in den Träumen
und Flamenco in den Flammen

Das folgende Ein-Seiten-Märchen ist eine Scherenschnitt-Dichtung.
Entfernen Sie die schwarzen Felder. Bitte nutzen Sie eine feine Schere

Es war einmal

Bahnsteigpoesie

Tag war zu lang
in der Berliner Bibliothek
Tausend Bücher gewälzt,
mach mich auf den Heimweg
Eine Stunde kann ich jetzt in diesem Rotz fahr'n
S-Bahn Linie 7, Richtung Potsdam
War sechs Stunden hier, ich war nicht nur fleißig
Jetzt ist dunkel draußen, grade fünf Uhr dreißig
Scheiß Winter. Derbe kalt, zieh die Mütze tief
Chucks aufgeweicht, weil ich grade durch 'ne Pfütze lief
Wie sich vor der Kälte schützen ließ?
Steig gen S-Bahn-Schacht
Kracht der Lärm der Stadt hinter mir herab in die Nacht
Es riecht wie immer: Großstadt-Dreck-Urin-Mief
Frag mich wie jeden Winter, was mich nach Berlin rief*
Egal. Ich schlendre zum Gleis
„Linie 7 hat Verspätung“, schon klar, ich weiß
Will mich hinsetzen und warten, wie sonst jeder
es täte. Doch da steht ein Koffer aus Leder
Die Nähte: vergilbt; und die Ränder: verwetzt
Den hat jemand offenbar hier kürzlich versetzt
Verlassen. Niemand um mich her, ganz alleine
Ich meine: ein kleines bisschen beunruhigend.
Aber fein, ne?

* Naja, die Bibliothek, in dem Fall

Was soll das schon sein, hä?
Eine Bombe auf dem leeren Gleis? Ich hör nichts ticken
Warum ließe Terrorismus sich an dieser Station blicken?
Wär's ein Geigenkoffer,
  könnte man mein Misstrauen verstehen
Zu viele Mafiafilme gesehen, ich würd sofort wieder gehen
Gleich kommt die S-Bahn, just in case,
  dass man mich rette
Mach ihn auf – es ist eine Klarinette

Marke *Amati* steht drauf, auf das Endstück gedruckt
Ein schönes schwarzes Ding, tschechisches Produkt
Schwarzes Notizheft dabei, nur mit Noten
Sonst nichts – keine Drogen und gefälschten Banknoten
Nichts Verbotenes,
  doch da steht die Linie 7
Entscheidung verschieben,
  Koffer nehmen und dann eingestiegen
Zuhause ausprobiert, bis man letztendlich erkennt
Ich würd's ja gerne spielen lernen,
  nur fehlt mir dafür das Talent
Ich kann nur rappen.
  Doch statt Berufsmusik ging ich lieber in Rente
Ich würde wetten, hab zwar nun eins,
  doch stand nie auf Blasinstrumente
  Hmm ...
Anruf beim Fundbüro blieb natürlich folgenlos
Die folgen bloß dem Aufnahmeprocedere,
  doch kommt nix dabei rum
Drum:
Was mach ich jetzt damit?

Sowas lässt man nicht im Schrank steh'n
Da kann man so viel mit machen,
kann man dem oft gar nicht so ansehen:
Nutz das eine Stück als Spuckrohr
in langweiligen Seminaren
Die Blättchen zusammengeklebt,
zum Kämmen von langen Haaren
Das Mundstück, um zu hören, ist das Nudelwasser heiß
Und das Endstück ist als Party-Aschenbecher wirklich nice
Da wird sich eh niemand für melden,
darauf geb ich jede Wette
Deshalb hab ich jetzt 'ne multifunktionale Klarinette!

Doch manchmal streich' ich über's Leder,
würd' ja schon gerne wissen
Wird da irgendjemand anders
diesen Koffer arg vermissen?

– Gedankenstrich –

Sie kommt aus Danzig
Die Kleidung ungepflegt, die Haare ranzig
Sieht aus wie vierzig, doch man sagt, sie sei erst zwanzig
Morgens sammelt sie Pfand an kalten S-Bahn-Gleisen
Tags in den Einkaufsmeilen spielt sie alte Western-Weisen
Doch was sie dafür bekommt, ist eine echte Schande:
Jeden Tag gibt sie die Münzen an den Chef der Bande
Für eine schimmlige Matratze und für heute essen
Muss sie sich jeden Tag
mit fünfzehn andren Leuten messen
Sie war nicht die Beste, doch brachte stets genügend ein

Und für die Reste, kauft sie sich Gemüse ein
Doch's ist nicht nur das Essen
  – sie war von Musik besessen
Niemals hätte sie die Klarinette je vergessen
Sie und das Instrument, so hat man sie vor Ort gekannt
Doch eines Abends stand am S-Bahn-Gleis
  das Ordnungsamt
Den Dienstausweis für die Kontrolle schon gezückt
Sie lief davon und ließ das teure Stück zurück
Man warf sie raus und sie geriet auf schiefe Bahn'
Stieg auf die S-Bahn-Schienen rauf und rief die Bahn

Ist das die Wirklichkeit oder ein Paralleluniversum?
Mag es sein, wie es ist, ich fühl mich plötzlich sehr dumm
Greif zu dem Notenheftchen, in dem ich jetzt nachschlage
Da steht 'ne Nummer drin. Es fehlt nur jeder Nachname
Hab' sie bisher überseh'n
Doch kann jetzt nicht widersteh'n
Denn sicher will die Klarinette irgendjemand wiederseh'n
Und vielleicht antwortet ja einer, der die Frau dort kennt
Ihr das Musikstück wiedergibt,
  bevor sie auf die Gleise rennt

Nun ja
Die Wahrheit ist fad und keine gute Geschichte
Doch erlaubt mir,
  dass ich trotzdem nur ganz kurz davon berichte
Das Musikschulstück vergaß 'ne Austauschschülerin dort
Die Nummer war vom Musiklehrer,
  und das Mädchen wieder fort

Ich brachte ihm den braunen Koffer,
er als Dank 'ne Flasche Wein
Die Klarinette war versichert und die Rotweinflasche klein
Das Ergebnis wenig aufregend, die Story etwas lahmer:
Hab jetzt 'ne kleine Flasche Rotwein
... und 'ne große Tasche Karma

Das Elfchen der Sackgassen*

____

______ ________

________ ______ ________

________ ______ ________ ________

Straßenpflasterfreundschaften.

* Das Elfchen der Sackgassen ist ein Lückengedicht: Nur Sie können es aus seiner Einsamkeit befreien. Bitte nutzen Sie Ihre schönste Schrift. Der Autor freut sich über Ihre Auflösung.

Naive Metapoesien der Einsamkeit

Schritt für Schritt | Meterweise | Nackte Zehen auf dem Asphalt und so geht er leise | Mit der Einsamkeit im Beutel und singt Meta-Weisen | Es klappert in der Tasche, so wie loses Geschirr | Denn der rote Faden, der es hält, ist grobes Gewirr | Ausnaivt hat es sich, so könnte er nun denken | Sich versenken im Gedenken | Mit den wankenden Gedanken | Wenn der Kopf erst einmal frei ist, nimmt er Leere um sich wahr | Ohne leichte Unterhaltung wird die Schwere wieder wahr | Fragen hinterfragen | Und Zeichen überzeichnen | Die Welt verliert die Farben, so als müssten sie ihm weichen | Doch was tust du mit nicht-lichten Tagen, fragt ihn der Verlag | Solltest doch daraus Gedichte schlagen, sagt ihm der Vertrag | Jedes Gefühl gerinnt zu Texten, alles nothaft transformiert | Jeder Schmerz ist nur ein Mittel, das die Botschaft transportiert | Alles meta bei Tage | Schemenhaft vage | Schleicht sein Fuß im Takt voran, doch auf dem Weg liegt die Klage | Und so sitzt er im Licht der ungenauen Scheinbarkeit | Schreibt von naiven Poesien über graue Einsamkeit.

Flossen zu Flügeln

Wir tanzten auf der Welle, die uns trug
Schaumkronen im Raum oben
Wollten ohne große Mühen
diesen Traum holen
Doch was tust du, wenn die Welle bricht?
Die Strömung reißt dich unter,
Wasser spült dir ins Gesicht
Auf die Gischt verzicht ich, nicht wichtig,
dacht ich unter Wasser
Doch die Lippen wurden fade, die Gesichter wurden blasser
Und ja, wir schien' zu schweben in dem Blau
Alles wurde leichter, bunte Farben, aber schau:
Wir brauchen Luft – wir sind nicht Delphine
und auch keine Amphibien
Warum glauben wir,
wir brauchen, was wir doch nie kriegen
Und du hast gedacht: Die Luft wird knapp,
also wurdest du ein Fisch
Doch das bist du nicht, und auch ich bin's nicht
Wir waren wie Albatrosse mit der Angst vorm Fliegen
Wollten siegen im Liegen, während die Ängste versiegen
Haben's uns leicht gemacht,
seicht gedacht und fallen gelassen
Wir haben's gleich gesagt,
man hat uns in die Falle gelassen

Warten auf gute Nachricht, doch seh'n keine Boten mehr
Ließen uns längst zu lange treiben – scheiß aufs Tote Meer!

Denn wir sind wieder Albatrosse
Gegen den Wind
Haben die Tiefsee aufgegeben
Weil wir das nicht sind
Ich weiß, die See ist groß
Doch der Himmel ist breiter
Die Freiheit liegt uns im Schoß
Taucht auf, wir fliegen weiter
𝄆 Flossen zu Flügeln 𝄇

Denn das Meer ist voller Haie und sie kehren zurück
Haben den Fischschwarm unter sich
schon aus der Mitte gerückt
Sie lechzen Tod, krächzen Not, Hass zu ihrem Gebot
Liegen wir weiter flach im Wasser, ist das Meer wieder rot
Doch wir versäumen's nicht, die Zeiten jetzt zu wenden
Denn nein, wir träumen nicht,
und lassen uns nicht blenden
Aus Wellenschäumen bricht, was wir unten nicht fänden
Wir bringen heut ans Licht, was sie niemals erfänden
Transformation – aus der Passivität die Flügel schwingen
Statt den Wellen ausgesetzt,
die Freiheit über Hügel bringen
Wir wollen nichts
außer der rauschenden Luft
Wir sehnen nichts
außer dem wolkigen Duft
Jeder Schlag mit der Feder ist ein Kampf mit den Gezeiten

Doch jeder Tag ohne Schläger trägt dich
sanft in die Weiten
Wenn wir einmal erst im Aufwind gleiten
Wir haben Horizontsicht – scheiß auf Wellenreiten

Vi har forlatt dypet
Vi har forlatt vanne
La oss følge med vinden
La os fly over lande
Jeg vet: sjøen er stor
Men himmelen er større
Frihet er mer enn et ord
Så la oss tørre
𝄆 Fra finner til vinger 𝄇 *

Das könnt ihr interpretieren, wie habt ihr's lieber?
Als Aktivismus, Liebestext, als Antidepressiva
Ja, das ist alles nur eine Metapher
And from this point on, it only gets rougher
Denn egal, was dies Gedicht gerade rettete
Wär es ja schön, wenn das die Realität hätte, ne?
Bloß ist sie leider weiter doch ein bisschen wilder
Wir sind nur Künstler, wir zeichnen euch nur Bilder
Und es spielt keine Rolle, wozu ich das schrieb
Denn komme, was auch wolle, was nun bei euch blieb
Ist ohnehin von vornherein in eurer Intention
Und ich gebe euch nur Leinwand für die Imagination
Was werde ich verändert haben,
wenn ihr gleich das Buch zuschlagt?

* Norwegische Übersetzung mit Unterstützung von Kaja Ahnfelt für die Osloer Slam-Meisterschaft.

Denn wenn ich ehrlich bin, habe ich euch nichts gesagt
Habe euch schlafen gelassen –
  oder konnte ich euch wecken?
Werdet ihr die See verlassen und den Himmel entdecken?
Ich schreib naive Lieder, ihr hört, könnt euch dran weiden
Ich bleib wie im Fieber, ihr geht fort und lasst euch treiben
Es ist sinnlos, bin großgewinnlos, find bloß
Eine Bühne wie am Jahrmarkt mit Gewinnlos
Was kann ein Text schon tun,
  kann ein Wort schon wandeln?
Wer bin ich denn als Poet, um euch zu sagen,
  wie zu handeln?
Ein Gedicht ist kein Befehl und die Aussage nicht fest
Es umfasst nicht einmal einen Zwang,
  der dich nicht mehr anders lässt
Eine einzige Metapher, wie die große weite See
Eine ungefragte Frage, ob ich selbst noch weiter seh

Es ist die sinnvoll genutzte Leinwand
Auf der ihr selbst entdeckt habt, was ihr tun müsst

Denn wir sind wieder Albatrosse
Gegen den Wind
Haben die Tiefsee aufgegeben
Weil wir das nicht sind
Ich weiß, die See ist groß
Doch der Himmel ist breiter
Die Freiheit liegt dir im Schoß
Tauch auf, wir fliegen weiter
𝄆 Flossen zu Flügeln 𝄇

Das Fantum der Oper

Zeiten verstrichen halb so schnell, wenn sie sang
Weil jedes Wort dreimal so lang,
zehnmal intensiver klang
Und schon nach einem sanften Satz,
begann ihm die Brust zu beben
Denn die Stimme war die Welt
und ihre Melodie das Leben
Scherte ihn nicht im Traum,
dass er die Sprache nicht verstand
Er wehrte sich kaum, raubten ihm Töne den Verstand
Diese Art von Musik hat er zuvor nie recht gekannt
Denn er war nicht in der Oper,
sondern nur im Text bekannt

Er schaute zu ihr auf, hatte sie doch was erreicht
Und stand dort oben auf der Bühne, als wär alles leicht
Während er im Dunkeln
hinter dem Orchestergraben erkennt:
Was ist denn sein Talent? Sie wurde mit Gaben beschenkt
Und einer Ausbildung bedacht
Durch die der letzte Klang noch strahlend schön
wie Sonnenschein erlacht
Doch seine Silben werden nicht zu Ton,
sie bleiben Phoneme
Und seine Worte kennen sechzehn Bars,

sie meiden Boheme
Und er hat selbst nach Jahren noch
mit Doppelreimen Probleme
Selbst Kreuz- und umarmender Reim
Werden vor ihm noch geheim gemacht
Hat nicht gelernt,
wie man mit Mitteln von dem Stil verfährt
Läuft zu viel verkehrt,
wie wenn man sich am Weg zum Ziel verfährt
Fiel versehrt in die reimlosen Zeichen rein, ohne Weichen
Heimlosigkeiten
Keimlose Zeiten
Er kann nur schreiben, was ihm in den Fingern brennt
Dem Blatt beschreiben, worin er den Sinn erkennt
Und jetzt sitzt er hier, wo er über die Menge schaut
Wünscht sich, er wäre wie sie, den Arm in Gänsehaut

Als der Applaus verklingt, zwängt er sich durch die Leiber
Ordnet kurz seine Gedanken,
zückt Papier und Kugelschreiber
Reimt vier Zeilen darauf, um zu bekunden
Was ihn bewegt hat in vergangenen vier Stunden

Sie ist gerade beim Abschminken, als sie Schritte hört
Vor der Tür; und wünscht sich,
dass jetzt niemand bitte stört
Ein kleiner Zettel wird unter der Tür hindurchgeschoben
Ihr Interesse ist geweckt
und sie schleicht sich durch die Roben
An den Kleiderständern; hebt ihn auf und liest die Zeilen
Muss verweilen,

während Reime sich in ihre Seele schreiben
Und sie sich wünscht, sie könnte solche Worte dichten
Singt sie doch selbst nur fremdgeschriebene Geschichten
Die abgeschminkten Augen füllen sich mit Tränen
Was gäbe sie, um sich als Dichterin zu wähnen

Fliehkraft

Du stolperst durch die Nacht,
du hast dich wachgehalten
Um dich her, vereinzelt dunkle Nachtgestalten
Berliner Nächte sind kalt, fragst dich was jeder hier findet
Es gibt nur ein Element, was all die Jemands verbindet:
Sie suchen etwas. Ohne zu wissen was es wäre
Und wünschen dass es sich vermehre

Dreh’ dich um dich selbst
und alles fliegt mit Fliehkraft hinfort
Und alles was du selbst noch willst,
ist nichts als wie schon das Wort
Du willst fliehen
Doch sag, wo willst du hingehen?
Du wünschst, du könntst den Sinn sehen

Die Stadt macht uns kalt
Macht uns blind
Macht uns taub
Und wir suchen nur Halt, doch verwehen wie Staub

Und wir reden und reden und reden nimmermehr
Denn die Wörter, die wir reden, bleiben immer leer
Schon zu lange gesucht
Noch zu wenig gefunden

Schwarze Tücher genommen und vor die Augen gebunden
Und so bleiben wir Affen, mit Werkzeug und Zerissenheit
In der wir nicht wissen,
ob Gerissenheit oder Gewissen bleibt
Tausend Schreibmaschinen und ein gescheiter Primat
Stehn auf zwei Beinen zwar doch als gescheiterte Art
Denn jetzt bist du kahl und du klopfst auf Moral
Die Entscheidung zur Wahl zwischen Kopf oder Zahl
Aber antworten könnte bloß die Kante dazwischen
Die Lichter deiner Stadt werden erlischen

Du weißt nicht was los ist
Du weißt nicht wie's geht
Du weisst nicht, was man von diesem Leben noch versteht
Nacht / Tag / Nacht – alles scheint genau wie einst
Eh und je wie stets
Noch nicht genug, dass du weinst
Abstrakt wie Kafka, suchst du die Verwandlung
Hast Charakter und Stil, doch dir fehlt die Handlung
Es ist stets die selbe Masche, wie die Zeiten dich verwirren
Fehlt der Kompass in der Tasche,
musst du dich nun mal verirren

Sichtbeton an der Hauswand
Du bist nicht wirklich hier
Was spielt es dir für eine Rolle wie die Stadt sich verziert
Fühlst dich bar jeder Wirklichkeit, zwischen der Welt
In diesem Surrealismus, in dem nichts mehr zählt
Tage deines Neumonds
Fabelhafter Leumund
Was du weißt: nicht sicher, alles andere Verleumdung

Jeder, der dich sieht, steht außerhalb deiner Umzäunung
Hast dich selbst besetzt
   und wärst bereit für eine Räumung

Drehst dich um dich selbst
und alles fliegt mit Fliehkraft hinfort
Und alles was du selbst noch willst,
ist nichts als wie schon das Wort
Du willst fliehen
Doch sag, wo willst du hingehn?
Ich wünscht ich könnt dein Sinn sehn

Tu ich nicht. Aber wer tut das schon?
Lass die Schwere los und geh mit Mut davon
Wir fallen ständig
Lieben das Scheitern
Aber wir folgen dem Credo von guten Reitern:
Aufstehen, aufsitzen, Zügel nehmen
Blick nach vorn
Wir werden uns nie ergeben

Vom Dunst nicht vorhandener ___*

Die Luft zwischen uns ist fade
Fadenhaft wie Spinnweben
Fabelhaft zum Sinn geben
Bloß die Schallwellen hier klingen vage
Neben uns lagen Jahre
Weben Dunst, Farbe: Jade
Was wir sagen, misst Substanz … Tanz
Tanzend misst du, was du kannst
Und es sind nur *„… hundert Zentimeter zwischen uns …“*
Doch der frische Dunst
ist Materie für unsere Worte, undurchdringlich
Und ich dring nicht hindurch und verschling mich
Bring dieses Ding nicht hindurch,
find den Sinn nicht, wär ich auch sinnlich
Doch bin nicht so kindlich
Und mutig und frei
Um zu sagen was mich stört,
ist die Wut nicht dabei

Und es ist nicht,
dass wir uns wirklich nichts mehr sagen können
Es ist mehr,
dass wir uns längst nicht mehr das Fragen gönnen

* Schallwellen

Denn wir stolzierten durch die Steppe des Smalltalks;
  schallreich
Fielen in die Falle vom Familienfall-Teich
Wanderten durch Weiten des Weltgeschehens
Wissen, ja, womöglich haben wir die Welt gesehen
Doch müssen uns nun scheiden gehend eingestehen:
Wir können von uns nun selbst im Reime reden,
  kein Problem
Doch haben von den stummen Fragen zwischen uns
  noch nicht einmal den Keim gesehen

Komm, lass uns Weinen gehen

Und du wunderst dich,
  dass wir uns in Projekte stürzen
Freizeit nur mit Arbeit würzen
Freiwillig die Freiheit kürzen
Uns in unsinnig Geschichten schürzen …
Wir lernten weder Bleiben noch Schweigen
Weshalb wir stets zur Eigenperspektive neigen,
  frei wie Detektive bleiben
Leider umgekehrt:
  alles von sich preisgeben, aber nix gelernt
Denn jedes Wort in der Zweitverwendung
Ist nur Zeitverschwendung

Und es ist nicht,
dass wir uns wirklich nichts mehr sagen können
Es ist mehr,
dass wir uns längst nicht mehr das Fragen gönnen

Es fühlt sich an wie auf 'ner Slambühne:
  wirfst der Meute deine Worte ins Gesicht
Doch was all die Menschen sagen wollen,
  erfährst du letztlich nicht
Und plötzlich stehst du da und weißt nicht,
  wer dir gegenüber steht
Du greifst dir still ins Haar und fragst dich,
  woher nun der Wind grad weht
Weil du nichts zu fragen gelernt hast als:
  „Wie geht es dir gerade?"

Und du nichts zu sagen gelernt hast als:
  „Ähm ... gut?"
Aber das ist so aussagelos wie Schrödingers Katze im Gasrohr, könnte tot oder lebendig zugleich sein, aber wenn du nachguckst, ist sie mit ziemlicher Wahrscheinlichkeit eher ___, denkst du, und sagst:
  „Ähm ... gut."
Und der andere auch
Und alles, was zwischen euch hängen bleibt,
  ist bläulicher Rauch
Im unermüdlichen Reigen
...
...
...
...
...
...
...
...
...

Und ungemütliches Schweigen

Obwohl du diesen Menschen doch so magst,
  egal ob Partner, Vater, Schwester oder bester Freund
Du hast den *Rest* versäumt
Du hast den Rest *versäumt* – so wie die Naht am Saum
Man ahnt es kaum,
  wenn dann am letzten Tag das Ende naht
Weil man immer nur auf den nächsten Stich der Nadel
  vor dem Auge sah
Wie blauer Star

Denn es ist nicht,
dass wir uns wirklich nichts mehr sagen können
Es ist mehr,
dass wir uns längst nicht mehr das Fragen gönnen.

Ich will das Fragen wieder lernen
Statt mit Sagen wiederkehren
Ich möchte irgendetwas hören
Das vermag, mich zu verstören
Denn ich will eben: wild leben
Viel geben, Bild weben
Zielstrebend Schild heben

Denn mit Stil leben, ist nicht Stillleben*
Ich will dabei sein, beim Freisein
Unendlich high sein
Vom sich gegenseitig sehen und verstehen
Ich will wieder bereit sein zu erkennen, statt zu rennen

* Fehlt nämlich ein L drin

Will mich endlich davon trennen
Nur das zu hören, was schon da war
Und endlich nah war, unendlich nahbar
Aber ich laber unnahbar

Obgleich der Schall doch längst zwischen uns schwebt
Anstatt zu warten, dass Erwartungen erlischen und seht:
Wir haben's ein bisschen erlebt
Das echte Geflecht,
   das sich nächtens da zwischen uns webt
Erwidern hinter Augenlidern wieder Lieder,
   dass' Trommelfell dir erbebt
Erhebt sich in Summen von Lauten
Den Stummen, den Lauten
In Stimmen von Leuten
Lausch ihrem Rauschen, als würd's was bedeuten
Verlier mich im Klang
Untergang
Nur nicht reden nun,
Neben Tun und Handeln eben ruh'n und leben, tun

Denn es ist nicht,
dass wir uns wirklich nichts mehr sagen können
Es ist *mehr,*

Ich erzähle zu viel
Er zähle nicht viel,
   glaubt mein Gegenüber
   und ich wähle den Stil
Weil es leicht ist, zu wissen, was man sagt
Doch Erkenntnis trägt sich so geflissentlich zu Grab

Wir alle woll'n uns manchmal
  doch auch nach dem Leid fragen
Doch verlassen uns auf Leitfaden-Leitfragen
Die uns befreit haben
  vom eigentlichen Zuhör'n und Bescheid sagen

Doch heute breche ich mich leer
Nur noch sechs Zeilen und dann spreche ich nicht mehr
Lass den Inhalt meiner Worte im Gemenge untergehen,
  so wie die Bäche nun im Meer
Weil ich mit jedem Wort am Mikrophon
  die Schwäche nur gebär
Und will die letzten Momente auf der Bühne
  nicht mehr meinen,
  nur euren Stimmen lauschen
Und verliere mich im dunstdurchzog'nen
  spinnwebenfaden-Sagen-weichen Wörterauschen

Doch nicht mal das gelingt mir noch.
  Wenn ich's auch noch so deutlich sage

Dabei war es allem Anschein nach
  nur eine kleine _______*

* [Frage]

Die Hymne der Nachtfalter

Und wir waren immer
mehr die Außengänger, schrieben Einzelseiter
Auf die Wände unserer Wohnzimmer
Unser einziger Pokal ein *Awkaward,*
das Wappentier: der Prozessionsspinner
Malten schwarze Olympe in die Stadt auf dem Notizblock
Göttin Nyx als ihre Herrscherin
und Morpheus als der Kiezgott
Depressive Phasen
Aggressive Phrasen
Wenn wir eigentlich die Nacht verbrachten,
sukzessive lasen
Waren Grübler und Träumer, verhängten die Lichter
Architekten unseres Labyrinths verrenkender Dichter
Nie die Wände getaggt, nur Geschichten entdeckt
Hätten alles und nichts getan, für ein bisschen Respekt
Gefangen zwischen Gruppendruck und Individuum
Zerrissen zwischen Anpassung und Selbstkontinuum
Lechzten nach der nächsten Verletzung,
um uns selbst zu spüren
Um es letztlich hinter Türen in Texte zu überführen
Und während jeder Jugendliche klagt,
dass niemand ihn versteht
Haben wir uns nicht mal selbst verstanden

Waren uns sicher, dass die Zeit der Einsamkeit
  niemals vergeht
Sind tagelang gar nicht erst aufgestanden

Doch aus den Zimmern wurden Bühnen,
  aus Schubladen Mikrofone
Das Gefühl nun zelebriert in rationalbefreiter Zone
Und plötzlich galten uns're größten Schwächen als Erfolg
Miniaturberühmtheit das, was aus der Einsamkeit erfolgt
Können Ketten enteisen, fremde Städte bereisen
Fünf Minuten auf der Bühne – für Bier,
  Betten und Speisen
Menschen hören uns zu, und kaufen es uns ab
Sie sehen unser Buch, und kaufen es uns ab
Kollegen durchbrechen die Decke, von voll gefüllten Sälen
Erfolg lässt sich nicht zählen, aber wunderbar erzählen
Jeder wird ein Teil der Slamily,
  der Kontrahent dein Freund
Der Wettbewerb: fürs Publikum, *the points are not the point*
Stehen in Kneipen, Opern oder Jugendhäusern
Sprechen seifenopernd oder tugendräuspernd
Tanz die Illusion im Scheinwerf-Lichter-Ball und tausch
Eine unbeschrieb'ne Seite
  gegen Dichter-Schall und Rausch
Ein Denkmal für Nyx, Worte unterm Mondschimmer
Werden glorreiche Nachtfalter, Prozessionsspinner
Poesie hat uns gerettet, sie verzaubert unsere Sicht
Jede Hoffnung ein Gedicht
Schaut uns offen ins Gesicht
Bin umgeben von Poeten, die noch leben wegen dem
Die deswegen jede Regung hier als Segen für sie sehen

Müsst verstehen, dass das eben unseren Sinn generiert
Dass man jeden Abend letztlich mehr gewinnt als verliert

Doch noch lange nicht alles, was leuchtet,
ist silbern und gold
Und der Ruhm nicht nur lippenbefeuchteten
Silben gezollt
Gebiete werden aufgeteilt,
Taktiken schon ausgefeilt
Hinter Rücken anderer zu gerne auch mal ausgeteilt,
auch wenn's viele vielleicht gar nicht einmal angeht
Wer bestimmte Bühnen anstrebt,
muss nun andre Menschen meiden
Auch wenn diese dadurch letztlich
unter Ausgrenzungen leiden

Gefangen zwischen Gruppendruck und Individuum
Zerrissen zwischen Anpassung und Selbstkontinuum
Manche Leute mit Einfluss ziehen sich Nachwuchs heran
Auf zugerauchten Bühnen,
lang vor jedem Bartwuchs, und dann
Steht da ein Neuling mit Gedicht
und man vernichtet sein' Verzicht
Kannst dir einschmeißen, was du willst,
doch mach es andren nicht zur Pflicht
Morpheus oder Dionysos, etwas geht ja immer
Malen schwarze Städte voller Prozessionsspinner
Poetinnen verschwinden allzu oft nach kurzer Zeit
Wo Bühnenkunst sich weiterhin als Mann-Domäne zeigt
Vermeintlich Feministen, doch schimpfen „Mädchenlyrik"
Die kleinen Kommentare und Verhalten ehrenrührig

Ja, vielleicht nur Einzelfälle, nein,
vielleicht nicht strukturell
Doch jeder Einzelfall ein Mensch,
dem das dann auf die Füße fällt
Respect the poet, das gilt schließlich auch für uns
Jeder Auftritt ist ein Mensch, unabhängig von der Kunst
Für sie kommt vom Kokon,
aus dem sie sich nächtens entsponnen
Nicht der Schmetterlings-Nachtfalter,
zum Im-Scheinwerferlicht-sonnen
Zwar fliegen viele Flügler äußerlich noch unversehrt
Bloß die Schönheit ihrer Flügel
bleibt ihnen derweil doch verwehrt
Sehen sie sich nicht von weisen Eulenfaltern
schon begehrt
Sondern klamottengleich im Mottenreich
nun innerlich verzehrt
Es sollt uns Motto sein: Wir wollen keine Motten sein
Halten unsere Bühnen offen, lassen die Marotten sein
Machen wir die Slams dieser Welt
zu unserem Couchecken-Wohnzimmer
Wo sich jeder fühlen kann wie schöne Prozessionsspinner
Wir sind der Hort der Außengänger,
niemand steinigt euch
Emotionale aller Länder – vereinigt euch!
Introvertierte Rampensäue
Exzessive Lampenscheue
Dies ist unser kleiner Eck-Olymp der echten Kantentreue
Ziehn uns selber aus dem Sumpf,
wir sind Münchhausener Poeten
Wappentier Nachtfalter, mit drei Göttern als Propheten

Es lebe Polyamorie aus Nyx, Morpheus, Apoll
Denn wir lieben diese Stiegen, es ist nix anderes so toll
Wie: fremde Städte zu bereisen
Für Fahrtkosten und Speisen
Applausdemokratie zur Kür von symbolischen Preisen
Abendunterhaltung und Menschen zu begeistern
Performance ohne Soundcheck, Finale zu meistern

Als ich vor zehn Jahren begann,
  da konnte hiervon niemand leben
Couchsurfen und mfg, zwei Freigetränke eben
Vieles hat sich geändert, aber drei Dinge blieben:
Nyx, Traum und Dichtung, du musst es einfach lieben
Ein Awkaward an alle, die es für die Sache machen
Auch nach Jahren noch die ideale Offenheit beachten
Der Hort der Außengänger
  und Olymp der warmen Stimmen
Kokon für Flügler und Schwärmer,
  solang die Rahmen stimmen
Schreiben schützt mich vor'm Schlaf,
  die Bühne bleibt mein Wohnzimmer
Ich bleib als Nachtfalter wach, Alter
Prozessionsspinner

Das folgende Ein-Seiten-Märchen ist eine Scherenschnitt-Dichtung.
Entfernen Sie die schwarzen Felder. Bitte nutzen Sie eine feine Schere

Es waren einmal ...

Echo

Yes, you said: it's all about being confident
But you're living in a world or a continent
So different
And you were weak, when your Echo said:
I like your smiles
It's been a while since you said that, both in times and miles
You didn't hear it at first because your Echo is shy
And in order to hear, you need to bring your voice high
You don't get what you deserve because your heart is empty
But Echo's love for you is there and it's rich and plenty
Because you loved yourself, Echo replied
And you where caught in that sound in the other night
But didn't really listen to the voice at last
And now it's just an Echo from the past

It wasn't what you thought and so you let go
You didn't fall in love with your Echo
And now you're here and you hear that voice
Coming through the snow of the white noise
Far, far away
          far away
                    away
                              way
                                        ____*

* [no way]

An Echo is exciting when you don't expect it
And you don't neglect it: you were affected
With a rush flush cheek and in fact erected
(I mean: it effected a connectedness
  in all your imperfected quests,
  inflected unsuspected less,
  objected your collected mess,
  yet infected what lacked a protected guess)
But all it brings to you is just sheer reflected
Cause and effect, send and respond
A song is as strong as the voice it builds upon
And you claimed the world so your voice shouted loud
Thus echoes the song risin' up in the cloud
But doesn't know who sings it
It was being free for a moment but not really intrinsic
You need to find your own tune, then a matching melody
And your echo is no remedy
And in your memory, it sounded oh so sweet
But it will cease to exist when you only leave

It wasn't what you thought and so you let go
You didn't fall in love with your Echo
And now you're here and you hear that voice
Coming through the snow of the white noise
Far, far away
        far away
                away
                        way
                                ____*

* [no way.]

And even though it sounds like it, this ain't no metaphor
Cause Echo is a cute girl from Labrador
She fell in love with the sounds I left in the Laurentides
And that was all it needs
But I refuse to admit the fault was all mine
Echo, listen: you didn't hear the whole line
I'm being honest: Echo, I don't love you
And all you hear is „...   ...love you"
I'm not above you, I am far behind
I got the whole damn world in my mind
And you wanted me to write a poem for you – here it is
And even though there is this one thing you'll miss
You will hear it still
By recognizing only that part that won't get you killed
Our mind is selective, and yes, I wrote you a poem
And that quite possibly means
  that I think of you back home
Maybe that's all you need to know;
  your voice is heard out there
And you got more than an Echo to share

It wasn't what you thought, so better let go
I didn't fall in love with you, Echo
And now I'm here and I hear your voice
Coming through the snow of the white noise
Far, far away
            far away
                        away
                                    way
                                          ____*

* [no way]

So be an Echo for the last time
Forget just what I put together
  in this poem except the last rhyme
Your fate shouldn't be the Echo. You shall be new crowned
Speak out to the valley and mountains,
  and be sound

be sound

Finisterra

When I left, I fell asleep,
and no one turned the light back on
Set off to walk sixhundred miles
on the day the night begun
Sorpresa took my hand
While we walked across the land
Through the sand of Donostia,
understand now what she meant
Leave your plans out, stand out, take the extra route
Accept what's coming forward, set your inner guide on mute

The days smelled like blackberries,
the nights sounded like waves
As we climbed the cliffs of coastlines
and discovered empty caves
The brushing sound of bagpipes in our backpacks
and some blisters in our boots
The roots on the road, loose shoes and a coat
The mood's set to hope, thanks to food from a bloke
The late days of summer were the last days of spring
Surprise was a fling that the basque mountains would bring

When in sixty naps a million steps,
a hundred different faces
From mountain tops to fountain shops

through arrowpointed mazes
I arrived at the end of the world in misty weather
But the seashore shines golden and red in Finisterra

Búsqueda left lost-looking, might just be
Feeling left out, left / right, righteously
Follow yellow arrows for the alleyways
Many ways lead through Cantabria,
but it's anyways plenty days
As the roads gone steeper
The thoughts go deeper
Time looses tact like an anarchy melody
Floating abstract in this recipe:
- Cook it in a monastery, stirring up the time
- Mix it with your memories and add a glass of wine
- Carving out your questions, arrange them on a plate
- Spice it with discussions and a tiny leaf of fate
A new search is always showing
Like the wind always blowing
Utopía at horizon, means you always keep going
As she starts singing sad songs that soften her shore
The houses with answers open often their door
Búsqueda never left and she never will arrive
She's just counting down the miles of the streets in her life

When in sixty naps a million steps,
a hundred different faces
From mountain tops to fountain shops
through arrowpointed mazes
I arrived at the end of the world in misty weather
But the seashore shines golden and blue in Finisterra

I met her in a church, where she never went into
Espíritu knew places that she never had been to
Asturia was hers, but her steps were too small
I almost lost sight, but keep hearing her call
She's making me better, mind over matter
Been writing a letter, of the light in the latter
Thousand year old trees in the European Peaks
Fireplaces, fireflies bring fire to her cheeks
High tide, bright night
The universe is quiet
You give and you get back
By living you get that
Espíritu knows, but she never said that

A nice word on the road side and a coffee invitation
A strangers hug and on cold days
  the warming soup sensation
Sleeping under stars, we are protected by tarps
Have blackberry scars
From walking too much off-road
  'cause the track carries cars
Follow every detour 'cause who knows what it shows
Espíritus faith is like a little plant and it grows
Among her face in any case
  a little sunshine smile
It seems to stretch now as you catch it
  when you run per mile
She's a companion that you never really counted on
And when she's singing songs,
  you don't know where it sounded from

When in sixty naps a million steps,
  a hundred different faces
From mountain tops to fountain shops
  through arrowpointed mazes
I arrived at the end of the world in misty weather
But the seashore shines golden and white in Finisterra

Galicia had welcomed us with water from the clouds
The hope for quiet places and the laughter from the crowds
Hot chocolate on the plaza, fleece sweater that I packed
A wood heated oven and a break to expect
Esperanza
  was cooking in the kitchen painting words on the wall:
„If your expectation's higher then it hurts when you fall"

Once she'd seen me, we realized it's never that easy
Hoping for blackberry kisses,
  but she tasted like green tea
How cheesy
Staying nights up watching *Benigni**
The feeling appealing – but we didn't fall for each other
Fleeing further ... Fall was my brother
Falling leafs, for I leave, further call for another
See you soon or never
  'cause I learned to accept:
That your soul travels lighter, the less you expect
Back in my neck I was lacking respect
Though the noises of my choices
  were an act without tact
Fact:

* That's just a metaphor, they didn't show it in TV

I arrived in a town everyone talked about
It didn't give me what I needed, so I walked right out
Up to the very very last of earthly end as it seems
Before you wake up turn the lights off
Ending your dreams

When in sixty naps a million steps,
  a hundred different faces
From mountain tops to fountain shops
  through arrowpointed mazes
I arrived at the end of the world in misty weather
But the seashore shines golden and green in Finisterra

Sitting on the cape, the sun sinks to sea
Burn my walking sticks to guitar sounds and sing to see
How a dream dies
But it doesn't – when we awake today
For there is no way
  because we make the way

Ya no muere el sueño
Que ahora ya nace
El camino no hay
El camino se hace

Wesentlich

Es sind jene   dunklen Stunden, die mein
Wesen ge   schunden. Wo die Hoffnungen ver-
wesen   Und die Kunden,
die in meinem   wunden Körper und sein'm
Inneren   gebunden kreisen, beinah handver-
lesen   ihre Zweifel an der Welt gefunden
nur deswegen   zieh'n sie ihre Runden, künden:
bin ich   nur einer von den hoffnungslosen Hunden?
          Hab es
eben   nie verwunden, dass der Weg zum Welt-
genesen   und -gesunden nur erreichbar scheint,
   wenn man ihn gleich verneint
  und nur die Hälfte wirklich noch vermag zu lesen

Fabeln vergangener Kalenderblätter

Wenn das letzte Blatt beflissen | Vom Kalenderblock gerissen | Blick ich schwer zurück, noch mehr ein Stück vom Mittelmaß-Gewissen | Zerknüllt verrinnen Tage, nicht zu kleben, nicht zu kitten | Die Erinnerung verschwindet, ihr Zenit ist überschritten | Das Stundenglas ist skrupellos und mordet, was ich liebe | Im Kopf arbeiten Siebe, ich mach seine Maschen grob | Mein Tagebuch ein Sidekick, der sich in die Tasche log | Verpack ich sie in Fabeln, bleibt der Kern mir doch bestehen | Um das Leben andrer Zeiten in der Ferne noch zu sehen | Dein Gesicht wird einst vergessen | Sein Gewicht zu leicht gemessen | Doch sagt das mehr über mich – und mein Gedicht wirkt gleich vermessen | Dabei üb' ich mich im Falten bloß von Schwalben aus Kalendern | Um mit Origami-Gestalten heimlich Zeiten zu verändern | Aus karg bedruckten Zetteln Freiheitsflüge zu gestalten | Statt im kalten Walten letztlich nur die Tage zu verwalten | Doch auch wenn diese Fabel mir so schauderhaft gefällt | Die Zeit bleibt doch der Nabel einer grauenhaften Welt

Traumstoff

Kam ich in diesen Buchladen,
waren die Geschichten unendlich
Die alte Frau sortierte Bände ein,
sie grüßt und kennt mich
Drohte die große, erwachsene Welt, mich zu erdrücken
Sucht' ich Brücken in dies' andre Leben, in diesen Lücken
Zwischen den Seiten
Zweifel? Wisch sie beiseite beizeiten
In Zeiten wie diesen; reis in andere Breiten
ließ mich von allzeit bereiten Saiten begleiten
Von den weißen Regalen stets aufs Neue verleiten,
und meine Augen sich weiten

Verbrachte Stunden mit Science-Fiction
auf den Sitzsäcken
Oder im Stehen mit den Comics in den Witzecken
Die Sonne stahl sich davon – draußen – aber hier drinnen
Sah ich Sonnenstrahlen zwischen den Regalen gerinnen
Es war wie *Scala* oder *Princess,*
mit Besitzern schwer von Sinnen
Da war nie wer drin, damit konnt man nix gewinnen
Außer, wenn ich mit meiner Familie kam,
schlossen sich hinter uns die Pforten
Wir besetzten die Hälfte des Kinosaals
und fühlten uns very important

Saßen da im Mikroversum voll altem Reckenschmuck
Mit den purpurroten Vorhängen und an den Decken Stuck
Jeder Kratzer auf der Filmrolle als rauschendes Bild
Sank ich in die schweren Sessel dort und lauschte nur still

Solche Filme klebten gleichermaßen unter dem Papier
Zwischen Pappdeckeln im Buchgeschäft
  der Wunderstraße 4
Dies war mein Auenland. Meine eigene Welt
Aus der man höchstens aufsieht,
  wenn mal die Türklingel schellt
Doch komm ich heute zurück, ist der Laden sichtbar leer
Und die alte Dame mit den Büchern kennt mich nicht mehr

Und keiner kauft mehr bei ihr ein
  ihre Tür verstaubt
Ihr Haupt glaubt kaum, es sei ihr noch erlaubt
An die Zukunft zu glauben
  denn die hat man ihr geraubt
Mit großen Ketten, auf die jetzt alle Welten wetten
Selbst die netten Leute meinen kaum,
  dass sie noch was zu retten hätten
Und ihn' ist nicht bewusst, was ich in ihren Räumen find:
Sie webt den Stoff, aus dem die Träume sind

„Können wir auf dem Weg noch
  durch die Ländchengasse?"
Fragte meine Schwester stets,
  wandernd durch die Menschenmasse
In der kleinstädtischen Fußgängerzone
Es ging nie länger ohne

War der Überzeugung, dass der lange Umweg sich lohne
Da der Schuster Papas Schuhe
  schön und fertig gekriegt hat
Doch der Grund war,
  dass sie sich in ihn unsterblich verliebt hat
Und so himmelt sie ihn an,
  wenn Vater mit ihm fleißig schwätzte
Obwohl ich damals schon den Schustermann
  auf fünfunddreißig schätzte

Manchmal zog ich sie mit auf;
  meinte, *der Schuh würd' ihr nie passen*
Konnte es nicht lassen,
  brachte sie dazu, mich krass zu hassen
Bis sie mich aus dem Hause hetzte,
  wir die Straße runter wetzten
Und zuletzt im
  Eck war'n, wo wir die Uhrenmacher glaubten
Zwei zahnlose Männer,
  die stets an Zahnrädern schraubten
Und die verstaubten Tische uns
  nicht zu berühren erlaubten
Ich weiß bis heute nicht: Hat's die beiden jemals gegeben?
Denn unsre Eltern fragten stets verwirrt,
  wovon wir da reden
Mein Kopf lügt doch nicht! Kann es noch immer erinnern
Manchmal trügt es mich
  und ich seh es in fremden Zimmern schimmern
Doch nichts sonst zeugt mehr von früher –
  aber der Laden vom Schuhmann
Ist weiterhin dort, wo wir ihn damals besucht hab'n

Nur musste er die Arbeit
  auf Großkunden jetzt verschieben
So dass keine Mädchen mehr vorbeischauen,
  um sich zu verlieben

Denn keiner kauft mehr bei ihm ein
  seine Tür verstaubt
Sein Haupt glaubt kaum, es sei ihm noch erlaubt
An die Zukunft zu glauben
  denn die hat man ihm geraubt
Mit großen Ketten, auf die jetzt alle Welten wetten
Selbst die netten Leute meinen kaum,
  dass sie noch was zu retten hätten
Und sie verstehen nicht, was ich in seinen Räumen find:
Er näht den Stoff, aus dem die Träume sind!

Und du fragst, warum ich Schusterrap mach,
  wo ich selbst noch Chucks trage?
Hör zu: Ich schilder dir jetzt folgende Sachlage:
Vielleicht habe ich ja auch in ein paar Jahren 'nen Sohn
Oder 'ne Tochter. Oder beides, tja, wer weiß das schon?
Doch habe Angst,
  dass ich deren Kindheitserfahrung und Träume
Dank eBook-App hetzend versäume
Mit immergleichen Ketten bis zum Letzten umzäune
Zuletzt Geschichten aus dem Netz
  statt aus dem Buchgeschäft
Wo sich staub- und stöberfrei
  nach keiner Traumwelt suchen lässt
Schuh an, wie geschickt, kam dann schon geschickt
Statt verliebt in den Schuster, von Zalando gefickt

Wie soll das Mädchen denn nur seh'n,
  dass der Junge auch mal wein' kann
Gibt es trotz 3D-Brille
  'nen ersten Kuss vor dieser Leinwand?
Mein Land, in dem die Kinder leben,
  soll so nicht vereinsam'
Dabei sieht es längst so aus,
  dass morgen alles schon so sein kann
Es wird Zeit, dass wir die Hand heben:
  für den Uhrmacher von nebenan
Weil klar ist,
  dass der ohne unser Kleingeld halt nicht leben kann
Kann nicht auf unsichtbare Hand
  oder Kapitalismus wetten
Doch werden wir bei ihnen kaufen müssen,
  um sie noch zu retten
Lasst uns Friseure, Schuster,
  Buchhändler und Uhrenmacher säumen
Nein, ihr seid nicht alleine:
  Ihr kämpft mit uns'ren Träumen!

Kindheitswünsche*

Als ich sechs Jahre alt war
Wollte ich Superheld werden
So ein Mensch ohne Beschwerden
und nur halb von diesen Erden
Aber immer zur Stelle, wenn New York mal wieder
vor dem Untergang steht
Oder wahlweise das Westerwaldstädtchen, dessen Wind
durch meinen knallgelben Umhang mir weht
Wenn du eine Superkraft hättest,
was würd'st du wählen?
Man fragte mich selten,
doch ich musste es erzählen:
Unsichtbar sein, so wie mein bester Freund
Wie besser kann man Bösewichter enttarnen,
Die Welt vor ihnen warnen
und nebenbei herausfinden, warum Mädchen
immer zu zweit auf's Klo gehen?
Mit all diesen Geheiminformationen
und meinem gelben Cape
Wär ich unleugbar auf jedem Dorfspielplatz der große Held
Und auch wenn man mich nicht sieht
und nur mit Talent fänd
Kennt die ganze Welt mich sicherlich als *Transparent-Man*

* Der Ursprung dieses Textes entstand in einem sehr kurzlebigen, aber unschlagbaren Slam-Team mit Jason Bartsch. Dieser Tag und sein Beitrag bleiben unvergessen.

Zwar würden sie nicht wissen,
  welche Mächte sie grad retten
Aber würden, hab'n sie nichts gesehen,
  auf Transparent-Mann wetten

Doch dann stellte ich fest,
  man braucht eher schnelle Autos und High-Tech
Und dass du die nur bekommst,
  wenn dein Paps sie bereits hätt
Denn zum Selber-kaufen
  hat das Taschengeld mir nicht gereicht
Deshalb sind die Eltern von Batman zum Beispiel reich
Und tot
Die Meinen indessen, blieben lebendig und arm
Und hatte ich auch Wespenbisse ständig am Arm
Können die halt nicht radioaktiv genug gewesen sein
Und meinen Superheldentraum ließ ich deswegen bleib'n

Stattdessen wollte ich mit neun Jahren Führer werden*
In schneidigen Uniformen
  das Metallmonstrum beherrschen
Sie mit Schneid allzeit bereit
  durch lange Bergtunnel pferchen
Dampf trübt die Sicht,
  Licht bricht sich auf der silbernen Schiene
Das raunende, brummende Rattern
  fräst sich in meine Miene
Und auch wenn ich damals eher
  „Eine Insel mit zwei Bergen" hörte
Verwandelte sich der Sound of Speed, der andere so störte

* Von Lokomotiven, ihr Nazis

In das deepste Dubstep-Drummer-Donnern
„Entschuldigung Jesko,
könnte ich vielleicht einen Kaffee haben?“
Äh, klar
Denn in meinem Nachtzug nach Nirgendwo,
da wär ich alles:
Zugführer, Schaffner und dieser Typ,
der das Kaffeewägelchen mit Witwerzügen
durch die viel zu engen Gänge schiebt
In denen jeder mich liebt, der nächtens vom
rhythmischen Rauschen in den Schlaf geschaukelt wurde

Aber dann stellte ich fest,
dass ich Schaffner nicht leiden konnte
Und die Leute niemanden lieben,
der für die Bahn arbeitet*
Dass ein schallgedämpfter ICE-Sprinter keinen Sound hat,
sondern nur noch Speed
Und weil mir der Klang so fehlte
und zugleich so wichtig war
Nahm ich meinen nächsten Kindheitswunsch von da an
richtig wahr und entschied:

Ich will mit dreizehn Jahren im Radio moderieren
Und die Schallwellen
mit Schalk und schönen Klängen penetrieren
Damit die Zeit, die wir haben, uns're Liebste wird
Schicke den Soundtrack des Lebens in den Äther
Egal ob Balkantänze oder der deepste Shit
Spiel ich die Musik für uns Söhne und die Väter

* Frag mal Poetry Slammer

Cash catches Coldplay, Daft Punk diggt Dylan,
Tupac trifft Ton Steine Scherben
Ich will sie alle beerben
Dass alle Menschen vor Autoradio und Stereogeräten
In echt ewig-exzessive Ekstasezustände geräten

Aber dann stellte ich fest, dass die Leute nicht anrufen,
um die Musik zu feiern
Sondern um meine Fehler zu korrigieren:
„Das heißt gerieten, Jesko,
das ist Konjunktiv 1."
Und dass du nur ein kleines Rädchen
in der Musikindustrie bist
Um die Hörer dumm zu halten
Solange sie nicht anfangen, das Radio stumm zu schalten
Mit platter Konsortenscheiße einzulullen
und Konjunktive zu wiederholen:

*„Wouldn't it be nice, if we'd be older
And tell us all the stories that we could've told!"* *

Sicherlich hab ich das damals zwar noch nicht erkannt
Doch stellte fest,
dass mein Enthusiasmus dafür sicher schwand
Und ich wollte doch nur Menschen helfen und befand:

Mit fünfzehn:
Schon bald werde ich zum Polizist ernannt
Der Beamte, dem Männer und Frauen vertrauen
Der Freund und Helfer, auf den die Menschen bauen

* Oder lieber nicht

Ich wäre einfach ein Vorbild, auf das die andren schauen
Und könnte endlich Simon aus der 7b verhauen
Auf Streife durch die Städte streifen
Um die Wette pfeifen
Quietschende Reifen, Verbrecher aufgreifen
Wie in Hollywood-Streifen
Ich wäre Kriminalist und Straßenpolizist
Der Wächter der Wahl
Mit Recht und Moral
Verfechter Gerechter in beträchtlicher Zahl
Verbrecher an die Wand stellen,
  Handschellen an Zellen
Wenn auch Handballen anschwellen,
  soll'n sich nicht so anstellen
Und danach helfe ich einer alten Dame über die Straße

Aber dann sah ich,
  dass Polizisten auch rechte Demos schützen
Bei den größten Gräueltaten dieser Welt
  doch gar nichts nützen
Stattdessen nur ab und an 'nen Schnellfahrer blitzen
Und den Rest ihrer Zeit an ihren Schreibtischen sitzen
Dass Polizisten heut mehr Listen kennen
  als Zivilisten
Jeder Fall nur eine Nummer, jedes Anliegen hat Fristen
Dass die Gewalt *vom Volke ausgeht,*
  doch sie es auch häufig trifft
Und dass man meistens als Vollzugsbeamter
  nicht mal selber kifft
Und wegen all dem

...

Wechselte ich Seiten, wurd mit achtzehn Idealist
Der auch im letzten, ernsten Zwist
niemals sein Prinzip vergisst
Mit Plakaten, die über unsre Köpfe ragten,
um den Irak zu demonstrieren
Nazis zu blockieren und den Staat zu kritisieren
Zwar keine schwarzen Steinblöcke werfen,
doch heimlich davon träumen
Häuser, die niemand will,
besetzen – und dann räumen
„Wer mit achtzehn kein Sozialist ist, der hat kein Herz“,
sagte mein Lehrer immer*
Revolution in den Adern, handeln ohne hadern
Ich wollte die Welt verändern

Bis ich irgendwann merkte,
dass sich so die Dinge selten ändern
Weil dir niemand zuhört, wenn du zu laut schreist
Weil du glaubst, dass du weißt
Wie die Antwort auf die große Frage heißt
Und die Botschaft nicht gefeilt in die Ohren gleitet
In Geschichten und Metaphern erst die Blicke weitet
Das Antlitz des Horizonts im fremden Gesicht vererben

Machte aus der Not die Tugend und wollte nun
mit zwanzig Dichter werden
Leute mit Worten verzaubern
und vor sechshundert Menschen auf der Bühne stehen
Und dann nur drei Begeisterte haben,
die die Message verstehen

* Den zweiten Teil des Sprichworts nahm er stumm ins Lehrerzimmer

Feine Reime im Gehirn hinter der Stirn bilden
   zu Stilblüten
Ausdrücken, rausschreien, manchmal auch still wüten
Nachtfalterhaft, als würd's sich geziemen
Den Sieger zu mimen
Oder 'ne Schelle kriegen
   und vom ersten Startplatz aus rausfliegen

Nur für diese paar Minuten Aufregung,
   Glück, Erleichterung, Stolz*
Und jetzt wollen wir ein bisschen diesen Traum leben
Uns ein bisschen Raum geben
Aber werden irgendwann merken,
   dass wir uns alle wiederholen und man von Fahrtkosten
   und Freigetränken nicht leben kann und uns dann doch
   noch irgendeine halbfeste Stelle suchen

Und deshalb habe ich mit dreißig
   irgendeine halbfeste Stelle
Angestellt auf halber Zeit, Nebenjob für alle Fälle
Irgendwie kommt man schon klar,
   mach auf diese Weise weiter
Nein, nicht irgendwas –
   ich bin von nun an Reiseleiter
Führe Menschen durch Europa
Schülerklasse oder Opa
Streetarttouren in Berlin
   oder in Wien zur großen Oper
Ganze Trips improvisieren,
   teils mit Witzen noch verzieren

* Denn wer gefühllos auf die Bühne geht, der kann auch Popmusik machen

Und im Durchschnitt einen Schüler
  zwischen Hipstern zu verlieren
Busfahrten, Hotellobby
Fremdsprachen und Welthobby
Geschichte zum Anfassen
Geschichten drauf anpassen

„Jesko, what is this very random church
in the Brandenburg outback over there called?“

Ähm ... die Jürgen-Drews-Gedenkkapelle
Auf alle Fälle denn auf die Schnelle
  guckt eh keiner bei Wikipedia rein
Touren als Job, es scheint wie im Traum
Doch zum eigentlichen Reisen fehlt da meistens der Raum
Und nach einigen Sommern denk ich
  es könnte weniger sein

Denn Zeiten ändern sich
  (Zeiten ändern dich!)
Und mit einundfünfzig will ich all die Dinge,
  die mich stören, aussprechen, abtauen
Aus dem Leben, was mich dann umgibt,
  nur ausbrechen, abhauen
Traum verlassen, Haus verscherbeln
Rausch auslassen, „Faust“ beerben
Das Geld aus der Lebensversicherung nehmen,
  ein Wohnmobil kaufen, alle alten CDs rausholen
  und hinfahren, wo der Horizont noch weit ist
Einen Trip anfangen,
  auf dem man für immer breit ist

Raus reisen und im Reim schreiben,
Ausreißen statt daheim bleiben
Spüren, wie der Wind das schütt're Haar erschüttert
Zwischen Nordstern und Nordlicht, süffisant südlich
Wälder kennen, Meere atmen
Welt erkennen, nie mehr warten
Entschuldigung, dass ich mal sang:
  „Ein Leben lang, für immer jung!"
Denn wie Fiva sagt:
  „Ich will nicht jünger werden, nur wieder naiv."

Das werd ich geworden sein: alt und naiv
Denn jeder Traum träumt sich tief,
  aber fühlt sich anders an

Und deshalb:
Kehr ich mit dreiundsechzig
  zurück in ein stilles Glück
Einer Holzhütte im Wald
Nach Volkssitte nun alt
Es würde mir nichts ausmachen wenn ich's wäre
Mit Schaukelstuhl, Katze
  und dem letzten guten Kaffee der Hemisphere
Und wenn die Kids in der Nachbarhütte
  wieder zu laut Trap spielen,
  hole ich nicht das Ordnungsamt
Weil ich eh kaum noch was hören kann
Ich werde ein gut gekleideter alter Mann sein
Der Träume hatte und sie verfolgte,
  aber sein Glück auch noch im Alter fand

Doch das ist alles Zukunftsmusik, heute
Stehe ich hier und versuche,
  euch was zu vermitteln
Zum Teil, was früher alles besser war
  und dass wir das Träumen meist vergessen
Dabei kann es so schön sein, ich mein:
Man kann als Superheld durch die Welt sausen
Als Lokführer durch den Wald brausen
Als Idealist feststellen, was ideal ist
Als Polizist immer noch Leben retten
Und als Radiomoderator ... naja – Leben retten

Was die Zukunft bringt, weiß keiner so genau
Aber hier stehe ich auf der Bühne,
  das war auch mal mein Traum
Ist es irgendwie immer noch
Und wenn du morgens aufwachst
Sei dir sicher, dass stets ein paar Fasern
  deiner Träume versuchen werden
Zwischen den Zahnrädern der Welt hängen zu bleiben
Das hier war mein kleiner Versuch, all diese Fasern,
  in all ihrer Länge zu schreiben

Aber scheiß drauf
Denn ich habe noch lange nicht ausgeträumt

Die Schwalbe im Spechtennest

Ein Wandervogel einst;
mit großen, grauen Schwingen
Durchkreuzte diese Welt,
Finnland bis Indonesien
Von fern die Welt bestaunen, das konnte Glück ihr bringen
Bis eines Wintertages, da flog sie über Schlesien
Erblickte fremde Heime, so heimelig und heimlich
Am Baum der Erkenntnis, doch noch fehlte die Einsicht
Ist man kein Kuckuck, lässt man Nester andrer in Frieden
So ist unsre graubeschwingte Schwalbe
wandernd geblieben
Doch eines Jahres war es,
der Frühling spät, der Herbst war lang
Flog sie durch die Eifel,
lauschte vogelzwitschernd scherzend Klang
Der Vogel, der da sang,
war ein wunderschöner Eichelspecht
Von dem sich damals
unsre Schwalbe schmeicheln lässt
Er war charmant und gewandt unterm roten Schopf
Lieber den Specht in den Armen, als den Adler überm Kopf
Und sie schlossen einen Deal:
Die Schwalbe nahm den Specht
auf ihren Flügeln in die Ferne
Und der Specht, der lud sie gerne

In sein Heim ein,
  teilte das Nest mit dem gemeinsamen Ziel
Anziehungs- und Fliehkraft zugleich
Nest festbasteln und Flügel flicken, kühn erblicken
Doppelseitig glücklich sein
Und dann mit vollen Flügeln Glück verteil'n
Der Vogel war ein guter Fang, sie verflogen beste Nächte
Nur die Brut war zwar gut, aber Echte Spechte!
Und Echte Spechte haben leider diese Eigenheit
Familie's heilig und sehr eigen, also sei bereit
Es macht den Dickköpfen nix aus,
  auch stundenlang auf Holz zu hämmern
Und wer die Zeit mit ihnen kennt,
  erkennt behänd', es sollte dämmern
Die haben wirklich 'nen Vogel
  wenn nicht gar ein paar zu viele
Die vogelfreie Sippe ist 'ne Riesenfamilie
Siebzehn Spechtlinge schwirrten da herum,
  zwar großteils nestflüchtig
Außer dem Echt-Spechtlings-Nesthäkchen
  (fast schon berüchtigt)
Zwar keine Wendehälse, doch uneins, wie es scheint
Doch ob Grau- oder Grünspecht, es gibt eins, was sie eint

Kleiner ornithologischer Exkurs:
Die Familie der Echten Spechte verhält sich üblicherweise äußerst aggressiv gegenüber zweitgewählten Balzpartnern, die alsbald mit großem Gehämmer und Geschrei aus dem Spechtnest vertrieben werden. Von der bereits existierenden Brut akzeptiert zu werden, gilt als nahezu unmöglich.

Zu wissen, welche Gräser und Würmer die rechten sind,
ist nicht leicht
Manchmal hatte unsre arme Schwalbe das Gefühl,
das nichts reicht
Doch drei Mal auf Holz geklopft,
sie lernte ihre Traditionen*
Und stellte auch begeistert fest, dass manche Spechte
ab und zu auch Wandervogel-Eigenschaften
eigen hatten
Als der Eichelspecht betagte,
und sich jeder um ihn sorgte
War es die Schwalbe, die ihn mit Futter
und mit Hoffnung versorgte
Solange der Alltag und Brauch blieben,
konnten sie auch lieben
Mochte er auch auf dem Bauch liegen
Bis irgendwann sein Schnabel auf ihrem Gefieder lag
Und seine dunklen Augen ein letztes Mal
gen Himmel aufstiegen

Man könnte glauben,
die Fabel wär zu Ende ohne Wende
Die große Mär von Schwalbe und Specht
Das Drama beinah schon echt,
Tragisch. Aber nein
Die Schwalbe wurd' ein Teil des Klans,
die Brut kehrt bei ihr ein
Denn Echte Spechte
kenn' die Mächte der Familie und sind stark

* wie: dass sie selten Grund zum Schweigen hatten und das In-Spechtennestern-wohnen.

Und wer einmal erst ein Specht ist,
  nun, der bleibt es jeden Tag
Wer nun ganz zum Specht geworden ist,
  der kann kein halber sein:
Mag's auch die graubeschwingteste der Schwalben sein
Denn als familieneig'ner Schwalbenspecht,
  da ist man nie allein

Und das erst soll das End' der Fabel sein

Erinnerung

Noch vor beinah schon vergessen' alten Zeiten
Da ließ ich mich doch prinzipiell
nach güldenen Prinzipien leiten
Jeder Handgriff in der Werkstatt war wie eingebrannt
Und bin ich ehrlich, hab ich jeden Stein gekannt
Konnte den kleinsten Unterschied
zwischen zwei Verschiedenen erkennen
Und selbst nach Jahren noch
den damaligen Fundort benennen
Mit dem richtigen Werkzeug konnte ich alles vermessen
Nur, wo ich das wieder hinlegte, das hab ich vergessen
Ich ziehe erst die Haustür zu,
such dann nach Schlüsseln in der Hosentasche
In der ich grundsätzlich Papier drin lass,
wenn ich die Hosen wasche
Und während andere verschwitzen,
ihre Mütze aufzusetzen
Kann ich mich, hab ich die Socken an,
schon meistens glücklich schätzen
Ob ich das Kleingedruckte in Verträgen lese, ist egal
Denn ohne Unterschrift sind diese leider meistens illegal
Doch wie soll ich schon signieren,
vergesse ständig mein' Namen
Und da ich morg'ns vergesse aufzustehen
fehl'n mir die Einnahmen

Man will ständig Formulare von mir, was mich toll macht
Ich weiß nicht mehr wer,
  doch jemand andres hat jetzt Vollmacht
Doch's bringt nicht immer was,
  vergess ich nachts das Licht auszuschalten
Und auch mein Kohle-geheizter Ofen
  wird sich nicht von selbst verwalten
Der Stapel mit den Mahnungen von meiner Ortsbibliothek
Vor meinem ungeleerten Briefkasten:
  Vom Winde verweht
Überhaupt die Mahnungs-Briefe,
  hören nicht auf, mich zu stressen
Denn ich hab leider
  alle meine Kontodaten längst vergessen
Weiß gar nicht mehr, wie lang das läuft,
  welches Jahr schreiben wir?
Verzeiht die Frage, aber Kalender vermeiden wir hier
Wer *wir* ist? Keine Ahnung ...
  ich und diese Frau dort drüben
Hab keinen Plan, wer sie ist,
  doch sie kocht freitags Kraut und Rüben
Und meint erst nach allen zwanzig bunten Pillen,
  es würde jetzt genügen
Doch sie kümmert sich um mich ganz lieb,
  es scheint sich zu lohnen
Auch wenn ich neulich nachts vergaß,
  dass wir wohl auch zusammen wohnen
Vielleicht wurd' ich da etwas laut
  und habe um mich geschlagen
Doch dass ich aggressiv war,
  kann man wirklich nicht sagen

Jetzt wohne ich woanders
  und Leute kommen mich besuchen
Sitzen mit mir auf dem Sofa
  und schenken mir ein Stück Kuchen
Heut ist eine Dame da, sie sagt, sie komme morgen wieder
Zum Abschied singen wir gemeinsam
  altbekannte Kirchenlieder
Ich sag, wie sehr mir das gefällt und seh',
  sie muss ein wenig weinen
Tut sie das wegen mir?
  Ich glaub, ich kann sie gut leiden
Sie sieht mich an mit ihren schönen Augen
  und nimmt meine Hand
Die Tränen in ihrem Gesicht, hab ich sie plötzlich erkannt:

Auf einen Schlag wird der Moment so klar wie nie,
  erinner' mich
An unser erstes Rendezvous bei tiefer Sonne,
  Dämmerlicht
Seitdem sie nie von meiner Seite wich
Ich kann nicht ermessen
Haben wir erst eine Minute, oder das Leben hier gesessen?
Erkenne sie in den Augen – und sie mich
  und indessen
Will ich die Augen nicht schließen,
  ich weiß, ich werd' sie vergessen

Doch für den Augenblick bin ich dankbar, trotz aller Sorgen
Denk an damals, fühle heute,
  sammel Kraft für das Morgen

Das folgende Ein-Seiten-Märchen ist eine Scherenschnitt-Dichtung.
Entfernen Sie die schwarzen Felder. Bitte nutzen Sie eine feine Schere

Ich war einmal …

Rauchpartikel

Morgen glänzte orange
auf meinem Küchenparkett
Und wie im Traum hab ich den Tisch gekocht
und Kaffee gedeckt
Es war ein Tag wie jeder andre
In meiner Stadt und auf dem Lande
Nur, dass er sich nicht länger
unter meiner Decke versteckt
Am Weg zur U-Bahn hab ich
zwei Bettlern zehn Euro zugesteckt
Und ich war trotzdem noch nicht arm
Aber die Straße dafür warm
Und in der Bahn,
da saß ein Kind und zählte Regentropfen weg
Von einer Scheibe,
an der sie zuvor nicht da war'n

Es war der Tag,
an dem ich meine eigene Nichtigkeit erkannte
Und der Himmel brannte
Brannte in Orange und Rot
Weil die Sonne dort in tausend
kleinen Rauchpartikeln tobte
und uns ein CO_2-Naturspektakel bot

Auf der Wiese spielen Lieder auf Studentengitarren
Vor den'n trotz eiligen Schritts
  Menschen unendlich verharren
So dass sie auf der Stelle gehen,
  statt auf der Stelle zu gehen
Denn vier Akkorde, hundert Songs
  durchdringen ihre Melodien
Wenn süßnaive Düfte
  ehrlich durch die Haare ihnen weh'n
Wo Straßenlampen Lampion-gleich leuchten,
  als Bunt-Lichter
Und ich war unsichtbar
Nicht mehr länger unsicher
Der Erzähler und Dichter meiner Geschichte –
  und nicht da
Und obsolet, wie ich geworden war,
  sah ich durch fremde Brillen
Wer braucht noch Sehhilfen, hat man tausende Pupillen
Lernte schweigen und reden,
Übte schreiben und lesen
Wollte schreien und gehen
Doch musste bleiben und sehen:
Die Schönheit der Zerstörung, das Glück des Untergangs
Unerkannt ungewandt, im Unterland-Umgewand
Doch wenn alles den Bach runtergeht,
  kommt man irgendwann zum Meer
Und so träumte ich mich leer

Die Luft roch heimatfarbensüß
Während ich irdisch' Maden grüß
Ist mein Bewusstsein erstmals wirklich hier

Wo es zählt. Ausgewählt sich erzählt:
- Von frisch verliebten Lippen
- Dem Fußabdruck im Sand
- Von aufgerauchten Kippen in der ausgelaugten Hand
- Von menschenleeren Gassen
- Und voll gefüllten Tresen
- Von den kaffeewarmen Tassen
- Und vom neugebor'nen Wesen.

Sag: Was bedeutet Religion schon,
außer dir Kraft zu geben
Gut zu handeln und Schönes zu sehen
Doch wo ich stand nun, da gab es schon das Leben
Ich stieg nicht auf
zu einem vielgelobten besseren Ort
Denn wo ich bin, war er dort
Und ich ging nicht mehr fort

Meine Kathedrale war das Flussgefällesommerrauschen
Meine Hoffnung zwischen Speichen eines Fahrradreifen
Meine Liebe respektierte alle buntfarbenen Schleifen
Und mein Glaube wollte Schwerversprechen lauschen

Wenn meine Zehen jenes eherne Beben
nicht mehr erleben
Will ich euch rege tanzen sehen,
wegen des ewigen Segens
Mag meine Asche in den Venen zäher Pflanzen aufgehen
Denn ich will eher Leben geben,
als letztlich ewiglich verwesen

Es war der Tag,
an dem ich meine eigene Schlechtigkeit erkannte
Und der Himmel brannte
Brannte nur in schwarzem Rot
Weil die Sonne dort
in tausend kleinen Rauchpartikeln tobte
und uns ein CO_2-Naturspektakel bot

Ich entzündete Kerzen für jede karggraue Stunde
Von scharf empfundenen Schmerzen
  aus meinem arg sauren Munde
Und durch gezeitenström'ndes Lichtermeer
  kam ich nicht mehr zum Grunde
Denn Zeiten heilen sichtbar eher
  Zeichen als die Wunde

Wie ein Vogelschwarm von Wandervögeln
  stoben einst'ge Freunde auf
Ignorierte Hilferufe flüstern wolkengleich im Wind
Dort im Seegras meiner Seele
  fand ich aufgegeb'ne Träume auf
Deren längst vergang'ne Düfte
  lüften goldenweich wie Zimt
Ich vermisste nur die Stärke
  einer kindnaiven Hand
Und bereute nur die Blindheit
  meines westverwöhnten Auge'
Was rational verklärt ich
  als Realität mir nur erlaube
Was ich als Ausrede zum Nichthandeln erfand

Sag: Was bedeutet Religion schon,
außer der Außenperspektive
Und einer gutgemeinten Direktive
Ich fiel nicht ab in tiefes Jammertal;
Bestrafung meiner Sünden
Denn wo ich war,
konnten Kunden von den Konsequenzen künden
Und in allsichtbaren Wasserfällen münden

Mein Beichtstuhl war die Parkbank,
auf der matt ein Bettler schlief
Meine Hoffnung ein getragenes Plakat
Meine Liebe maß sich in Momenten anstatt in Karat
Und mein Glaube war ein nie versandter Brief
Wenn meine Lider schwer wie Flieder wiegen
Will ich euch zum gediegen Fliegen kriegen
Soll'n meine Glieder nie darniederliegen
Stattdessen anderen wieder dienen

Denn es war der Tag,
an dem ich meine eigene Wichtigkeit erkannte
Und der Himmel brannte
Brannte nun in Purpurrot
Weil die Sonne dort
in tausend kleinen Rauchpartikeln tobte
und uns ein CO_2-Naturspektakel bot

Im Dies Mori jener Nacht,
da schlief ich zwischen warmen Worten
Verpack sie in Luftpapier
und schenk sie meinen Seelenpförtnern

Ob sie die jemals auch gehört hab'n
Das braucht ich nicht erörtern
Denn sie schweben ihnen um die Körper,
  gleich an welchen Orten:

Glühwürmchen in der Nacht;
  ein Zuckerwatten-Luftballon
Sehr ehrliche Umarmung;
  die Fahrt zum Freund im Bahnwaggon
Das Lachen meines Patenkinds;
  der erste Schritt im Tanzsalon
Die Hoffnung in ein Ohr gepflanzt
  und endlich wieder heimgekomm'n

Sag: Was bedeutet Religion schon,
  außer dem Ansporn zu lieben
Hoffnung gebend, Einsamkeit besiegen
Mein Altar ist ein wachsweicher, schatzreicher Satz
In der Nacht als ich ging, blieb mein Herz an sein'm Platz

Es war der Tag,
  an dem ich meine eigene Leichtigkeit erkannte
Und es reichte, dass er brannte,
  jener Himmel, den wir sahen
Denn in der Bahn,
  da saß ein Kind und zählte Regentropfen weg
Von einer Scheibe,
  an der sie zuvor nicht da war'n

Jesko Habert lebt und schreibt in Berlin als Spoken-Word-Poet und Autor. Dabei verbringt er deutlich zu viel Zeit mit reinen Reimen und freut sich diebisch, wenn ihm eine hübsche Metapher durch's Fenster hagelt. Wenn man ihn lässt, schreibt er am Morgen furchtbar seriöse Artikel über Windräder, am Nachmittag Kindergeschichten über pupsende Roboter und mimt Abends abwechselnd den melancholischen Lyriker oder den hyperventilierenden Moderator. Meistens hat er dann vergessen, zu essen.

www.derjesko.de
www.periplaneta.com

Inhalt